Hugo L. Black
and the Dilemma of American Liberalism

雨果·L.布莱克
美国自由主义的困境

[美]托尼·A.弗里尔 / 著
严格 张懿 王晓平 / 译

上海社会科学院出版社　上海市美国问题研究所

Hugo L. Black

再次献给朱和艾伦

目 录

编者前言 …………………………… 1

作者前言 …………………………… 1

导论 ………………………………… 1

第一章 克莱郡的平民主义(1886年—1907年)
………………………………… 17

第二章 伯明翰的进步主义(1907年—1919年)
………………………………… 38

第三章 偏见的风险(1919年—1929年) ………… 69

第四章 经济大萧条和新政自由主义(1929年—1937年) ……………………………… 98

第五章 自由派的法官(1937年—1941年) …… 134

第六章 战时的司法(1941年—1945年) ……… 160

第七章 冷战期间的自由主义(1945年—1952年) ……………………………… 186

第八章　前途未卜的革命(1952年—1960年)
　　………………………………………………………… 213
第九章　沃伦法院(1960年—1968年) ………… 239
第十章　越战终结(1968年—1971年) ………… 263
第十一章　遗产 …………………………………… 284
资料来源 …………………………………………… 325

编者前言

　　美利坚合众国已经遭受到来自各个方向的政治飓风的裹挟和夹击。如同身处台风眼的气象学家，那些学习历史的学生们也因难以断定时下的政治气流方向而深感绝望。但是，大部分历史学者都不会否认，从1930年代至1970年代，最强的气流时常来自这块大陆的左侧，它吹来了罗斯福的"新政"，吹来了民权运动，还吹来了林登·约翰逊的"伟大社会"、现代女权运动和许许多多保障了这个国家弱势群体合法权益的条例法令。

　　这个时期也刚好与最高法院的雨果·L.布莱克的任期相吻合。雨果·L.布莱克从1937年由富兰克林·D.罗斯福任命走马上任，直至1971年辞世前的一周退休。在这34年充满争端的岁月里，最高法院几近卷入与自由主义崛起相关的每一个重要事件，而布莱克的意志一直贯穿始终。

本书叙述了一个男人的一生,同时也叙述了现代自由主义的崛起,并由此引出了我们自己生活中的重要政治问题。如果说布莱克的任期内是现代自由主义的胜利,那么接下来的几十年里——从布莱克去世到今天——都可以看作是保守主义的回应和反击。从1960年代过热的政治水面中汲取能量,现代保守主义在理查德·M.尼克松总统的"法律与秩序"的整顿中集结,在1970年代生息发展并获得力量,最终在罗纳德·里根总统的任期内形成一场政治海啸,吹散了罗斯福新政和"伟大社会"的许多成果。通过审视布莱克的一生,我们能更好地理解现代自由主义的发源和随后的各种回应。

但是,正如托尼·A.弗里尔在这本传记中用锐利的笔锋挑衅性地写道,布莱克并非一些所谓的专家在漫画中讽刺的、只凭着直觉一股脑儿往前走的自由主义者。他要更为难以捉摸——而且风趣幽默。他从亚拉巴马州根深蒂固的福音文化中脱颖而出,作为一个年轻的政治家,他甚至参加过三K党,反对反私刑法。第二次世界大战期间,他在最高法院上投票赞成拘禁日裔美国人。布莱克毫无争议地是现代自由主义历史上的一个关键人物,但他也反对抗议者——即使抗议者声张的是他赞成的理念——因为他们并没有诉诸法庭,而是直接诉诸自己的行动。

宪法在布莱克的心中有着至高无上的地位。当谈及这份常伴他左右的文件时,他说:"我不允许对它有任何最微小的偏离,哪怕是其中最不重要的条款。"由此,布莱克的一生不仅照亮了过去的七十年,也照亮了这个国家的立国之本。

马克·C.卡恩斯

作者前言

我十分感谢奥斯卡·汉德林将此书推荐到《美国人物传记文库》。亚拉巴马大学法学院院长查尔斯·甘布尔和他的继任者纳撒尼尔·汉斯福德院长,均提供了不可或缺的经济援助。法律图书馆馆长彻丽·琳恩·托马斯和采购图书馆员保罗·普鲁伊特在许多方面给予了必不可少的支持。同时,如果没有法学院的教师们的支持,我的写作会变得艰难无比。我还要感谢保罗·弗罗因德教授为我提供哈佛法学院手稿区的路易斯·布兰代斯和费利克斯·法兰克福特的报告手稿,以及大卫·威格多博士,让我得以接触到国会图书馆手稿区中法官雨果·布莱克报告的手稿。布莱克法官的第一个法官助理,杰尔姆·A.库珀总是慷慨地腾出时间为我解答各种疑问。我也十分荣幸能采访到伊丽莎白·布莱克夫人、小雨果·布莱克和米尔德丽德·布莱克·福西特夫人。

1983年到1986年,我主持了亚拉巴马大学法学院对布莱克法官生辰的纪念活动。在1987年到1988年间,我准备将这次纪念活动中两次会议的相关记录编辑成书进行出版。我也亲自参与了这本书的写作。其实,很久以前,即使没有这些与布莱克有关的任务和机会的时候,他的光辉形象也早已在我心中树立起来。我清晰地记得,在1960年代中期,我的高中老师曾在课堂上为我们朗读一份布莱克给我们班某同学的亲笔回信。我很快就忘记了那封信的细节部分,但是它的主旨在多年以后依然鲜明深刻地印在我的脑海中:他对美国的过去有着恒久不变的尊重,对这个民族的未来始终满怀信心,对于联系起过去、现在和未来的人性的优点和弱点有着清晰洞彻的认识,在希望中保持理智,理智中又充满希望。毫无疑问,这些回忆对我书写布莱克的人生有着不小的影响。

很幸运,我有着像肯尼思·C.兰德尔和霍华德·琼斯这样的好朋友和好同事,他们阅读了我的部分原稿,为我指出原稿中的错误。同时我也很感谢弗朗西斯·N.斯蒂茨,他怀着兴趣仔细地通读了我的原稿。我想我也欠下了福里斯特和埃伦·麦克唐纳一份不小的人情——正是他们的中肯意见和批评,让这本书变得更好,也让我变成一个更加优秀的作家。我也要感谢所有亚拉巴马大学法学院的同事对此书投注的热情和为布莱克法官的百年纪念所贡献的力量。

谢谢《美国人物传记文库》丛书的新任编辑马克·C.卡恩斯,他与培生朗文出版了此书的第二版。特别感谢迈克·博埃齐和瓦妮莎·真纳雷利,他们很有耐心地接受了完整的文稿,而且为我联系了许多相关学者,包括佛罗里达大学的伊丽莎白·黛尔、布纳维斯塔大学(暴风湖)的威廉·B.费斯、山景学院的理查德·米恩斯、德克萨斯大学阿灵顿分校的杰尔姆·L.罗迪尼斯克、波士顿学院的艾伦·罗杰斯以及金伍德学院的迪安·沃尔夫。亚拉巴马大学法学院院长肯尼思·C.兰德尔,特别申请了亚拉巴马大学法学院基金和爱德华·布雷特·伦道夫基金。我的秘书卡罗琳·巴奇夫人,也提供了必要的帮助。当然,我会为我最后所写的一切负责。

同时,把此书献给我的妻子,她是一个老师;也献给我的儿子,带着我对他无限的爱。

托尼·A.弗里尔

导　论

　　雨果·L.布莱克是20世纪美国自由主义崛起的代表人。1886年,他出生于亚拉巴马州克莱郡乡村的一个富足的中产阶级家庭。他身边都是农民和小商人,他们中的大部分都是平民党运动的支持者,他们是为了对抗大企业、农场主和银行的力量和特权。自1907年到1920年代,布莱克成了伯明翰著名的辩护律师。当时美国的工业城市主要集中在东北和中西部,伯明翰是南方为数不多的几个工业城市之一。布莱克紧跟进步党的禁酒令运动,与大型企业和腐败的地方官员做着斗争。1926年,亚拉巴马人选举他为参议院议员。布莱克的个人升迁与美国工业化过程中深广的社会和政治斗争相联系,尤其与社会阶级中雇佣劳工增加、大型企业的巨大依赖性以及为了匹配大型剥削机构而产生的联邦和政府机构息息相关的社会阶级斗争紧密联系。然而,直到 1930 年代的大萧条时期,富兰克林·罗斯福的新政自由主义才最终产生了新的政治体制,使得政府权力得以全面扩张而加强了对市场的干预。布莱克参议员是新政自由主义的拥护者。1937 年到 1971 年期间担任美国最高法院法官的时候,他既推崇自由主义,将它推向巅峰,但也曾发出过一些反对的声音。

自由主义的胜利依靠的是保守党曾经拥护而进步党曾经反对的最高司法权力。是对抗大型企业的进步主义者和新政自由主义者们制定了符合宪法的法令来实现真正的民主,而不是受到州和联邦立法机关控制的特殊利益集团。另一方面,以精英律师、游说团体以及一些选举出来的政府官员为代表的保守派人士坚称由任命产生的联邦法官应该保卫他们的财产和契约权利。尽管拥护大众民主,但进步党的选举"改革"似乎主要针对腐败问题,剥夺了许多移民群体投票人和非裔美国人的选举权利。进步党也公开反对最高司法权力。罗斯福依靠南方的国会民主党人,如布莱克参议员来执行新政制定的条例,这意味着联邦政府默许非裔美国人作为二等公民的继续,尽管包括布莱克在内的大部分自由主义人士已经开始支持进步党的"改革"中伤害的种族群体。另外，许多进步党和自由主义人士倾向于利用官僚机构和科学专家来弥补腐败的选举政治体系。布莱克这样的自由主义人士，虽然支持建立大政府，但是也希望通过实行宪法限制的法院诉讼来牵制政府的权力。尽管如此，在布莱克的任期内，最高法院对宪法权利的推广在非选举制的联邦司法制度上培育出了一定的民主包容性。

进步党和自由主义人士相信大政府是解决国家所面对困境的良药。一个足够强大的政府可以集中经济力量，确保社会福利以保持社会稳定。然而，保守主义人士认为政府会不可避免地干涉个人的自由，这会导致对奠定美国资本主义基础的私有财产权和契约权利的妨害以及对新教道德秩序的搅乱。大萧条中，当自由主义势力占据主导后，保守主义者们不再相信司法至上，而是宣称通过州的权利来保障私有财产权和新教的道德主义。而进步党和自由主义者则试图平衡国家力量和传统自由。禁酒令证明，要达到这样的平衡是十分困难的。1919年，一个进步主义的民主党与共和党的联盟通过了《第十八修正案》，并在国会推翻了伍德罗·威尔逊总统对《沃尔斯特德法案》的否决后开始实施。禁酒令的实施使得国家腐败滋生，罪恶泛滥，最终在1933年的新政下才消亡。在接下来的几十年里，像布莱克这样的自由主义者宣扬司法能动主义来平衡个人权利和社会福利之间的矛盾，而像费利克斯·法兰克福特这样的自由主义者则宣扬司法克制。这样，自由主义者便陷入了困境：大政府究竟能否保护和提升——而不是威胁美国的自由。

布莱克通过自己的职业致力于平衡个人权利和社会福利之间的矛盾。身在亚拉巴马州和南方民主政治中，他既不支持少数党的平民主义运动也不支持西奥多·罗斯福的大政府国家进步主义。但布莱克在亚拉巴马民主党复杂的派系中游刃有余地发展着。他拥护威尔逊式的进步主义人士的主张，以大政府法令来保证公平的市场经济机会，反对垄断，以及实行更具道德意义的禁酒令。就像所有杰出的亚拉巴马人一样，布莱克也不可避免地推动了白人至上主义的发展，有时是不体面地作为诉讼律师，但是在很多涉及大企业压榨黑人劳动的案例中，他也十分成功地维护了非裔美国人的基本权利。同样，布莱克为种族多元的劳工联盟和小企业积极奔走,包括天主教徒和犹太人,帮助他们对抗伯明翰的工业家与黑土带的农场主。但是,他自由地利用着许多亚拉巴马新教徒对天主教和犹太教持有的根深蒂固的偏见。布莱克对保守共和党和南方民主党的反对以及对富兰克林·罗斯福新政自由主义的积极推动,为他赢得了最高法院法官的提名。他在自由主义法庭上不断变换的角色反映了在将个人自由融入社会需求时始终存在的两难困境。

对布莱克是臭名昭著的三K党成员的身份有所争议体现了自由主义在崛起时遇到的巨大压力。本书中,我们会提到,布莱克参加三K党的原因远比许多人想象的政治投机主义要复杂得多。即使这样,布莱克既是亚拉巴马广阔斗争的一部分,也是民主党通过新政自由主义走向大政府舞台的政治灵魂。直到1920年代,工业化进程加深了南方的民主党和北方、中西部的工业化民主党人士之间的隔阂,前者与当地白人新教徒、禁酒令、农业、种族隔离以及对抗城市、种族的三K党密切相关,后者支持阿尔·史密斯。然而,在南方民主党派内外,大部分人都对威尔逊的大政府是大企业的主要限制有着共同的信念。三K党疯狂支持的禁酒令，在一些北方诸州比如印第安纳分裂了民主党人士——在印第安纳的三K党领袖公开地吸收国家和地方的政治候选人，直到1925年的丑闻使他们走上了衰弱之路——也正如同亚拉巴马州，一些政治家如布莱克公开承认他们加入了三K党。许多北方和南方的民主党人士都同意，工业化产生的经济不平等问题可以通过大政府来解决，不过禁酒令削弱了党派的团结，直到大萧条释放的痛苦能量再一次提供了新的团结基础。

在布莱克的最高法院任期期间，民权和自由变成了美国自由主义的核心。罗斯福的"法院填塞"计划虽然失败了，但是它与进步党长久以来对最高法庭将商业经济自由凌驾于政府条令之上的许多决定的反对是相一致的。但是，在罗斯福公布他充满争议的计划之前，1937年，最高法院中的5名成员已经组成了一个新的多数团体，由反对新政变为支持新政。那一年，围绕罗斯福首次任命布莱克为自由主义的法庭法官的争议，在媒体后来爆料了布莱克的三K党身份后变得更加激烈了。布莱克在一个全国电视广播中成功地平息了要他辞职的要求。在后来的34年里，他形成了独特清晰的宪法理论,平衡了司法能动主义和司法克制。从1930年代晚期至1960年代,最高法院做出的一系列决定,发展了与进步党的司法克制概念全然不同的宪法假设,用严密的审查促进了民权和自由主义。但是就像进步党和自由主义者敦促的那样,在涉及契约和财产权的法令上,最高法院通常会听从政府。民权和自由的历史发展——尤其是在沃伦法院期间——高度讽刺的是民主包容性的扩大依靠非选举产生的法官。

布莱克的宪法理论讨论了由这种讽刺引发的争论。作为一个诉讼律师,布莱克明白诉讼在整个社会的价值背景下影响着个人。作为一个新政自由主义参议员,他支持以立法强化美国社会中的自由主义价值观。他也知道,一小部分在宪法上独立的联邦法官们对民主选举产生的国家立法机关、美国国会、州和联邦主要政府官员、州法院以及州和联邦官僚机构有着最终决定的权力。而且,1937年后,保守派人士放弃了他们对以联邦司法审查来保护财产和契约权利的依赖,而是利用州的司法审查观念来保护。相比之下,像费利克斯·法兰克福特等由进步主义转变而来的自由主义者相信,联邦法官的自有意志已经足以保证他们在实行司法审查时是杰出的、受到克制主义指引的。然而,布莱克反对所有这些方式,因为它们妨害到个人权利与社会福利之间的平衡。布莱克的"宪法信念"包括联邦法官拥有权威来支持或推翻由多数人制定的法律,并在宪法文本范围内解释宪法。宪法的开放式授权允许了许多能动主义的产生,而一些条款如《权利法案》给出了明确的界限。

两个因素向我们展示了布莱克的南方背景如何影响到了他的宪法理念。首先,布莱克法官十分重视《第一修正案》的文本解读。他这样做部分因为他希望通过观点的自由交流来为禁酒令的拥护和之后的自由主义民主党的推翻辩护。这样主张使他能够宣布他与曾经出于一系列复杂的理由利用但又反对的三K党的联系。在这一方面,正如历史学家大卫·M.拉班所说的那样,布莱克对《第一修正案》价值的热衷反映了受到不少南方进步主义人士和极端保守主义人士拥护的自由主义传统。他们相信对于个人权利的适度保障——包括公开发表言论和出版的权利、自由集会的权利以及宗教信仰的权利——与保护社会基本价值观是一致的(包括白人至上主义)。第二,布莱克明显地代表了当时存在于美国各地、繁荣于南部小城镇及伯明翰等工业城市的原告律师的传统。这些律师有着无限的信心,利用陪审团和当地的法律文化为自己的委托人赢得官司。1920年代,布莱克在亚拉巴马作为一名原告律师的成功(既有维护白人至上主义的案件,也有维护非裔美国人的权利的案件)充分说明了这种信心。

布莱克对法庭和辩护的依赖,建立在美国最基础但经常被人忽略的民主原则之上。1830年代,亚历克西斯·德·托克维尔对于美国式认知的评价是"一项新法律的执行不可能完全不触动一些私人利益"。联邦司法和州主权并不矛盾,联邦司法制度"虽未动摇法律的根基,但间接地影响了法律执行的结果;虽没有废除但削弱了它的力量"。联邦法庭"似乎只是偶然性地介入公共事件,但这种偶然天天发生"。南北战争前,废奴主义者和反对奴隶制的活动家们与奴隶主在州和联邦法庭进行斗争,以抵偿由多数选举产生的立法机关的力量。从19世纪晚期直到大萧条,像路易斯·布兰代斯和雨果·布莱克这样的律师,支持进步主义人士的理想,在法庭上遭遇了希望快速实现工业化的保守党派对手。当美国人一致同意建立自由主义大政府的时候，一些种族和宗教少数派与其他抗议者希望通过诉讼在大萧条、二战、麦卡锡主义、民权运动和越南战争期间赢得更广泛的宪法权利。布莱克参议员秉持着法庭中心的信念推动了罗斯福的新政自由主义；而在法庭上，同样的信念引导着布莱克与众不同的宪法理论体系，直到1971年退休为止，造福了许多倡导民权和自由主义的律师。

布莱克对法庭和辩护的信念使他十分容易地从进步主义人士转变为信仰大政府的自由主义人士。这个曾经被短暂任命为伯明翰地方法官的诉讼律师后来被选举为县检察官。他能理解白人陪审团和选民们的矛盾的观念，即司法公平、种族偏见、进步主义人士通过禁酒令净化道德，以及增强经济实力的经济改革，在逻辑上都是相一致的。布莱克深知普通人的心理，他明白隐藏在人心中的希望和恐惧、偏见和原则、纠结和喜悦，这让他能把握住大萧条带来的阵痛可以在多大程度上使大多数美国人确信——包括坚持州主权的传统南方人——一个大政府并不会带来灾难，而是当下问题的解决之道。想一想，他为多少白人和黑人工人的诉讼在亚拉巴马法庭上获得了成功。他帮助促成了新政中部分最强有力的改革,尤其在1938年推动了《公平劳动标准法案》的颁布;无论是支持者还是反对者都认为这是罗斯福时代最激进的自由主义新政措施。当他被任命为最高法院的法官,由政治领域转移到处理南方的种族偏见时,自由主义的支持者和保守主义的批评家们都认为他是利用诉讼手段将自由主义超越经济公正以促进民权、种族和宗教少数派以及穷人自由的先驱。

布莱克的人生也与美国自由主义的崛起和其遭到的反对缠绕在一起。布莱克在亚拉巴马乡间的青少年时期和家庭生活让他在19世纪晚期和20世纪早期工业化和大企业将这个民族从生产型经济变为消费性经济的时候,与失去了独立和正在遭受此威胁的人紧紧联系在了一起。这个国家从第一次世界大战到大萧条早期持续不断地对经济法规和禁酒令进行讨论,而布莱克作为亚拉巴马进步主义人士对伯明翰控制着工业化的保守主义者的胜利也是其中的一部分。尽管布莱克的三K党身份明显反映了南方独特的复杂动机和利益,但也反映了城市、种族宗教选民和与国家民主党敌对的白人至上主义的南方白人新教徒之间的紧张关系。大萧条期间,布莱克是罗斯福自由主义新政的主要支持者,新政不顾南方民主党和共和党中保守派的持续反对,建立了和平时期最强大的"大政府",以保证大经济环境的安全,并满足不断增长的对个人权利的要求。布莱克对罗斯福的"法院填塞"计划进行了直接的捍卫,之后便被任命到最高法院任职,但最高法院也是他在保卫罗斯福计划期间唯一谴责过的机构——他认为联邦司法和最高法院在以自由主义方式促进大政府和少数群体权利的时候处在一个虽然是中心但仍具有争议的位置。

布莱克在最高法院所作的判决在大家一致同意的自由主义中拓宽了个人权利的范畴。二战期间,法院对政府法规的顺从释放了巨大生产力,导致了军队的胜利以及美国商业的全球霸主地位。布莱克和其他自由主义法官如威廉·O.道格拉斯等运用了反垄断法和商业条款的原则来逼迫垄断企业尽社会责任。布莱克同时带头增加了许多宗教少数派、非裔美国人、工会工人的基本权利。不过,他支持罗斯福政府拘禁日裔美国人也获得了不少争议。当冷战在1940年代晚期出现的时候，布莱克宣布通过《第十四修正案》的正当程序条款宪法的原则延伸了《权利法案》对各州的保障。布莱克在麦卡锡时代充分表达了自己的异议。随着自由主义共和党人厄尔·沃伦在1953年被任命为首席大法官，一个新的以布莱克的理论为核心的多数自由主义派出现了。1952年，布莱克凭借获得了多数法官的同意意见，宣称民主党总统哈里·杜鲁门把占有铁矿作为应对朝鲜战争的手段违反了《宪法》中分权的基础原则。共和党总统德怀特·艾森豪威尔后来评论此判决时，认为冷战时期总统权力的集中带来了威胁美国自由的"军事—工业结合体"。

布莱克的角色依然在法院多数代言人和持异议者之间来回转换。在历史上著名的"堪萨斯州布朗诉托皮卡教育委员会"案的判决中，布莱克与其他法官一致同意打压种族隔离，认定从幼儿园到12年级公立教育的学校违反了《第十四修正案》平等保护条款。无论如何，他私底下站在少数人的一方，坚决反对与"从容不迫的速度"这一概念相联系的可能的拖延。南方如小石城等地有着十分强烈的抵抗声音，接着便发生了浩浩荡荡的非暴力斗争的民权运动，最后在1960年代才被法庭接受。在1960年代,布莱克对《权利法案》中保障的文本解读的坚决贯彻导致了在详述那些保障时对法庭判决的反对声,包括反对学生带上作为"象征性言论"的黑色袖章抗议越南战争,保护已婚夫妇将使用避孕药物当成私人权利。在民权运动的高潮,他也抵制将《权利法案》作为一些非暴力抗议的保护伞,除非经过国会的表决通过,后来国会确实通过了《1964年民权法案》。虽然布莱克的判决也为具有革命性的《1965年选举权法案》的通过奠定了宪法基础,但是他反对关于南方各州官方必须经联邦政府批准后才能修改选举法的条款。

在他人生的最后几年里,布莱克一直密切关注着反对自由主义的声音。1960年代末,北方城市中的种族骚乱和抗议越南战争激发了对"法律和秩序"的渴求、对与伟大社会相联系的大政府的厌弃,以及为实现伟大社会和民族平等而实施的联邦校车接送法令。另外,林登·约翰逊总统扩张大政府来为伟大社会和越南战争提供资金的做法削弱了美国的经济,造成了通货膨胀。1966年,布莱克认为罗纳德·里根被选为加利福尼亚州州长以及乔治·华莱士州长在亚拉巴马州急速上升的影响力意味着保守党势力的反弹,这也反映为两年后理查德·M.尼克松总统的顺利当选。1971年布莱克逝世后,尼克松印证了保守势力的崛起。尼克松公布的最高法院提名名单——正如罗斯福在1937年所做的——以确保保守主义人士的数量,打击"伟大社会"的福利项目,谴责为维护种族平等产生的校车接送法令,迫害反对战争的抗议者,改变了美国从二战期间就开始追求的国际货币政策,并且宣布要不顾国会和媒体监督继续越南战争。布莱克关于这些问题的观点是可以平衡个人权利和社会预期的。他同意法院对联邦校车接送法令的决定以保证各种族儿童平等的教育机会,维护拒绝参战者和抵制服兵役者的权利。

布莱克晚年的一些观点曾警告过保守势力将会崛起。在公众对于被尼克松的"法律与秩序"运动利用的反战抗议的焦虑中,布莱克"年轻"中的意见坚持"我们的联邦主义"价值观,驳回了激进主义者取消州法院陪审团的公然尝试。布莱克一直支持沃伦法院对刑事被告人的保护,反对扩张任何超过《第四修正案》中他认为"合理的"调查和逮捕行为的保证。他也不同意法庭作出的延伸《第十四修正案》的正当程序条款,来限制州在终结公共福利援助方面的自由裁量权的决定。通过对法律的合理解释,布莱克限制了尼克松政府在华盛顿实行的反堕胎法。虽然布莱克的意见催生了"自由堕胎法",但并不代表他赞同沃伦法院在1965年提出的"隐私权"。布莱克在1971年提出的最后一条法律意见是支持《第一修正案》中保护美国公众知情权,美国公众有权从媒体处了解,尼克松总统和他的前任在为发动越南战争进行辩护时所说的谎言。这一意见影响并促使了国会在1973年作出终止战争经费的决定,也间接地促使尼克松在水门危机前后做出违法的行为。即使这样,布莱克的观点论述了保守派对自由主义的反对,而这在罗纳德·里根时期盛行开来。

第一章

克莱郡的平民主义
（1886年—1907年）

雨果·布莱克常常会回到亚拉巴马州克莱郡的阿什兰镇，这是靠近佐治亚州边界阿巴拉契亚山山麓丘陵地区的一个与世隔绝的小镇，这是他成长的地方，有着他对内战和重建时期以及获胜的联邦政府的回忆。小镇上的每一个人都是以种植玉米和棉花为生，他们要么是农民，要么是收益分成的佃农。还有一些居民和布莱克的父亲一样是商人，提供商品和贷款。这个郡非常偏远，甚至没有直达国家新兴工业中心伯明翰的铁路，人们只能通过政治活动了解外界发生的大事。尽管政府似乎很遥远，但亚拉巴马州南部与北部之间的斗争还是波及了这里的每一个人；事实上，这场冲突中交织着公民对经济机会、宗教以及白人与黑人之间关系的希望和恐惧。

这种草根阶层的经历促使布莱克投入了20世纪美国的自由主义思潮。在他的观念形成期间,从平民主义暴动和进步主义运动中脱颖而出的自由主义传统包含多种不同的特性。对特权、财富与权力集中以及家长式的政府对平民大众的困境所给予的同情和回应提出质疑是自由主义的核心。但是,它体现了一个意义深远的两难处境。许多自由主义者排斥传统的对大政府的恐惧,赞同重新依赖科学管理和官僚政治。然而包括布莱克在内的其他人仍不信任已得到改善的政府部门,认为少数和多数、富人和穷人之间的持续对抗证明没有人能值得信任,可以被委以权力,即使运用科学公正的方式进行管理也是一样。在布莱克的整个政治生涯中,他一直在两难境地挣扎:大政府的益处与随之而来的弊端。在克莱郡学习到的价值观既造成了他的失败,也造就了他的成功。

雨果于1886年2月27日出生在克莱郡一个小村庄,他的父母在当地很有名而且很受人尊敬,他的名字"雨果"是母亲取的,来源于法国作家维克多·雨果的名字。他们全家搬去距离郡政府所在地阿什兰镇十英

第一章 克莱郡的平民主义（1886年—1907年）

里远的地方时，他才将近四岁。他的父亲费耶特·布莱克14岁时曾加入过同盟军，内战结束后便回到了家乡克莱郡，继承父业成了一名零售店店主。雨果童年到青年时期，阿什兰镇的人口约为350人。在这里，他一直生活到1903年出外继续学业，他最初是在伯明翰读书，后来考上了位于塔斯卡卢萨的亚拉巴马大学法学院。1906年，他回到了阿什兰镇，开始执业律师生涯，但是他发现那里几乎没有业务，于是在1907年底回到了伯明翰。

1870年代中期和1890年代中期，严重的经济萧条席卷全国。这期间，像伯明翰这样的城市发展得比克莱郡这样的乡村快。美国农村人口的比例由1880年的72%下降到1890年的不足65%。小布莱克和他的家人也因为他父亲的商贸业务感受到了大萧条和社会混乱所带来的压力。早春时节，费耶特·布莱克提高供应品、设备、补给品以及种子的农民信贷。1870年，棉花的价格为每磅20美分；而1880年降到了每磅10美分，到了1890年代，下降到每磅6美分。那个时期，一英亩棉花地最多需花费18美元，而玉米的产量只能带来10.91美元的收益，仅肥料的成本就为40美元一吨。克莱郡中等大小的农场不是由其所有者的家族经营就是由租户或者收益分成的佃户打理，除了经济繁荣的那几年之外，这类农场几乎没有收益。

由于信贷将商人、商人的家族以及农业社群捆绑在了一起，在那段不景气时期，每个人都遭受了损失，尽管损失的程度不一样。所有人都承受着铁路运费、虫灾、干旱、北部大城市金融家收取的利息，尤其是国际主要市场的价格波动所带来的压力。事实上，当地的商人是依靠大城市的批发商来给他周围的人提供信贷的。不过，商人可以通过收取高达50%到75%的利息以及抵押农户的土地获得贷款或者农户庄稼的留置权来自保。包括费耶特在内的许多人普遍想要尽力保住农民。从长远来看，丧失抵押品赎回权或者过度执行留置权逐渐破坏了人人赖以生存的农业体系。与此同时，广泛的亲属关系和朋友关系将商人和他的债务人联系在一起，妨碍了仲裁法律行动。

商人希望带着他的邻居和亲属一起度过那段艰难的岁月，这加强了其所在社群的稳定性并且提高了财富水平。长此以往，随着商人逐渐获得其债务人土地的所有权，他的经济地位也越来越高。1899年，费耶

第一章 克莱郡的平民主义(1886年—1907年)

特·布莱克逝世时,他已经是克莱郡最大的财产持有人。尽管所有财产分别分给了布莱克家族的七位直系亲属,但是雨果获得的那部分财产还是多得足以支付他读法学院那几年的学费和他在阿什兰镇执业期间以及1907年搬到伯明翰等所需的全部开支。对于处于费耶特·布莱克位置的那些人而言,充当群众的恩人,帮助那些不幸的人而不是压榨他们是一件十分有意义的事情。由于分担其客户的负担,商人布莱克获得了如果谈不上是喜爱的话,至少也是尊敬,这在小城镇里非常重要。事实上,他自己家族的福祉和社群的福祉是息息相关的,然而,从表面上看,他承受的风险并非和他的客户一样大。

信贷和社会关系之间的相互作用影响了政治活动。布莱克的生意伙伴是克莱郡最具势力的民主党派领导阶层的一员,是保守派民主党的领导人,其中包括因其"势力"而为人所熟知的州内最强大的商业集团"大骡子帮"。这些领导人影响着亚拉巴马州各地的地方事务。许多像布莱克的合作伙伴这样的乡村商人运用他们的经济影响力来获取政治优势,常常为了赢得选票而加大其客户的信贷。为了选票而进行的信贷交易通常会导致社会关系变得十分微妙，但是1890年代期间，政治压力和社会压力变得更加明显了。

亚拉巴马州的平民党运动正好发生在雨果的成长时期。亚拉巴马州的平民主义者主要是从那些已经失去或者即将失去其作为独立土地所有人地位的农民那里获得支持。租期的减少及其随之而来的依赖性削弱了经济福利和自尊。为了应对这一威胁，平民主义者试图与非裔美国佃户和农民通力合作。平民主义者也不相信政府当局，他们力图寻求更加强大的政府来解决经济弊病以及遏止企业权力和特权。然而，经济上的软弱渐渐破坏了对加强管制所需的高额财产税的支持。政府权限有限和政府权力加大这种自相矛盾的宣言令平民主义者陷入了两难境地，而这一困境他们从未解决过。由于平民主义者包括那些财产逐渐被商人布莱克据为己有的农民，雨果的父亲非常坚决地反对这种第三方运动。

这些政治首领进行了反击，他们呼吁杰斐逊式不信任大政府、依赖于各州权利的政治主张，并唤起人们对"重建时期"共和党联邦政府干预的回忆。然而，从根本上来说，保守派民主党宣称自己是白人至上主义的政党。为了突出平民主义候选人主张白人和黑人享有平等的公民权利,这些白人至上的政治领导人大呼:"谁看不起这片土地上美丽可爱的女人?谁是支持这一理论以及拥护这一理论的男人?"这一政治斗争加剧了种族间的紧张关系;仅在1891年和1892年期间,亚拉巴马州就有48名非裔美国人以私刑被处死。

1896年,威廉·詹宁斯·布莱恩惨败之后,平民主义的影响力便逐渐减弱。但是,平民主义运动推动了雨果·布莱克早年有关种族关系理念的成形。至1890年,克莱郡白人的人数为14,601,黑人的人数为1,704,但是在该州内肥沃的黑土带郡县,黑人占人口的绝大多数,而且直到1901年,他们仍能通过投票权享有政治权利。这些年来,尽管北亚拉巴马州的政治领导人及其选民认为按照社会习俗,种族隔离是合理的,但是在法律上支持黑人享有公民权利。然而,黑土带的白人发动了一场主张法律强制执行种族隔离的运动。虽然平民主义的支持者遍布类似克莱郡这样的地方,但是保守派民主党人遍布全国各地,其中包括黑土带,他们主张规定种族隔离合法。1901年,保守派获得胜利,亚拉巴马州人认可将种族隔离纳入宪法作为一项基本原则。这次胜利摧毁了法律面前的平等权利,使得黑人沦为二等公民。

年轻的雨果·布莱克所经历的这些斗争虽然复杂,但是意义重大。在家庭生活的中心——厨房餐桌旁,他经常会听到有关政治的讨论。在儿童和青少年时期,雨果知道他的父亲形容自己是一个"格罗弗·克利夫兰派的民主主义者",所以,他是一个保守派。当雨果还只是一个初学走路的孩子时,他赞同父亲的政党倾向,如果有人说"你是一名平民主义者,是第三党派",他会变得很生气。19世纪末,政党认同和竞争对于大多数美国人的生活而言十分重要,尤其是对布莱克一家这样在地方上有名的人而言。因此,当雨果长大成人,在商店工作或者周游克莱郡走亲访友时,人们不仅将他看作一位成功商人的儿子,也会根据他父亲的党派关系来看待他。

然而,他依然清晰地记得他的父母反对这些政治首领的种族歧视。布莱克童年时的一个夏天,一场种族悲剧轰动了阿什兰镇。一个有时来向雨果借独轮手推车的黑人小男孩和一群白人小男孩一起在一条小河里游泳。其中一个白人小男孩要求黑人小男孩离开,于是黑人小男孩愤怒地做出了回应。由于黑人小男孩对他说了"无礼的话",白人小男孩跑回家拿枪,他一回到河边便开枪杀死了黑人小男孩。由于杀人凶手是名门望族的儿子,当地的法官没有采取任何行动,即使几乎所有人都认为那个白人小男孩有罪。这一悲剧令费耶特·布莱克十分愤怒,以至于在接下来的选举中,他第一次也是仅有的一次将票投给了与触怒他的法官对立的一位平民主义者。还有一件事是,一位年迈的在布莱克家族的商店里工作的非裔美国人在后门寄了一个包裹。玛莎·布莱克便告诉她的小儿子把那位老人带进厨房,给他一些食物。这种种族之间的盛情款待对于有教养的白人而言十分平常,但是对于呼吁反对平民主义的政治首领而言,这违反了下层阶级根深蒂固的社会习俗。布莱克在之后的人生一直记得这些事。

此外,克莱郡民主党人之间的派系冲突形成了阻力。1901年的宪法授权地方官员通过文化水平测试、人头税和良好的品性来决定投票者的资格。当有人问一位政治家,基督和他的门徒在这些条件的限制之下能否合格时,这位政治家坦白地回答道:"这完全取决于他打算把票投向哪一方。"新宪法不仅剥夺了黑人的公民权,也减少了近25%的贫困白人选民,尤其是在克莱郡。

白人预选(指美国最高法院1944年以不成文法宣布的在美国南方某些州剥夺黑人投票权的白人直接预选——译者注)进一步破坏了布莱克家乡的政治影响力。民主党内部集团斗争中脱颖而出的候选人几乎总会成为大选初选的赢家。尽管1901年宪法通过之后,黑人不再享有投票权,但是他们的人口数量也决定着各区当选官员人数,这使得全州范围的初级选举中黑土带代表所占的比例比北部地区代表所占的比例要大。种族歧视性质的政治和宪法措施降低了亚拉巴马州整个北部地区包括克莱郡的政治影响力。

雨果从平民主义者那里学会了如何挑战民主党内保守领导者的优越地位。在儿童和青少年时期,无论白天还是黑夜,无论天气是晴朗还是恶劣,他都会去参加各种政治演说、游行和集会。他会站在投票箱旁边直到最后一个人投完票,他发现令人印象深刻的演讲和率真的个人魅力会激励人们去质疑现状。在许多地方选举中,平民主义者使用的都是这些技巧。如果说

第一章 克莱郡的平民主义(1886年—1907年)

从长远来看,他们在选举上所取得的胜利是短暂的,但是他们给年少的布莱克留下了深刻的印象,促使他对受压迫者产生了基本的、几乎是本能的偏好。白人预选实质上在亚拉巴马州创造了一党体制,任何想要通过对手党组织达成政治目标的努力都是徒劳。平民主义者教会了布莱克以选民为导向的价值观以及面对面的政治风格,然而他们的失败表明未来只有民主党的候选人才有可能通过这种方式当选。

在1901年的宪法会议上,由于有效地利用了大众普遍信仰白人至上主义,黑土带的领导们击败了来自亚拉巴马州北部的代表。种族歧视和隔离(Jim Crow原意为"黑人",是美国白人至上主义者对黑人的蔑称——译者注)一获胜,黑土带更加紧张的种族信念便占据了主要地位,亚拉巴马州北部及其他地方的公众人物都不敢挑战这一信念。

宗教也对布莱克的成长产生了影响。据年少的雨果所知,在克莱郡没有天主教或者犹太教。每一个教会都是新教教派的,其中包括卫理公会教派、圣公会和公理会,而福音派的浸信会是当时最大的。尽管浸信会已经分裂成众多教派,但是它反映出并且塑造了群众的希望和恐惧。布莱克的母亲玛莎坚持让她的儿女在每个星期三的晚上和星期天去参加礼拜仪式。这些集会仪式的核心便是公开忏悔罪孽而且"说的是方言",说话的人会进入一种精神恍惚的状态,相信自己就是圣灵与人沟通的媒介。只要他想起,布莱克就觉得这种公开点评个人缺点的集会,虽然是镇上很大一部分人的重要仪式,但是它破坏了声誉、造成了人心灵上的痛苦而且损害了人的自尊心。然而,或许影响布莱克的信仰最大的一个因素是他的父亲和两位敬爱的叔叔因为喝酒被公开驱逐出浸信会。

教堂的影响并不仅仅局限于私人事务。它也常常是选举中的一个重要因素,选举时牧师会鼓励他们的教友投票给特定的候选人,而政治家会使用《圣经》的语言和故事来吸引人们的注意。许多福音派的新教教徒会怂恿州政府和地方政府下令禁止生产和出售酒精饮料,让政府干涉群众的私人生活。

禁酒令对 16 岁的布莱克来说有着特殊的意义,当时他的哥哥不幸早逝。雨果有四个哥哥,佩勒姆·布莱克是其中之一,他体格健壮、英俊潇洒、深受女士们的欢迎而且很聪明,他曾以史上最高分通过了亚拉巴马州的律师资格考试。一天晚上,这个22岁的小伙子在社交拜访之后乘坐自己家的马车回家时睡着了,就在这个时候,马车翻车掉进了一个磨坊池塘里,佩勒姆溺毙而亡。验尸结果显示,他很有可能是喝醉了。

年轻的雨果·布莱克也在其他方面接触过酒精问题。毫无疑问,他的父亲被驱逐出浸信会给整个家族带来了不安。像阿什兰镇这样小的乡下地方非常珍视名望,那里的人认为这对于社会稳定和负责任的个人行为而言至关重要。他们忠于个人独立和道德责任。理想上,社区的团结和个人的权利是互促互进的。名望是这种平衡不可分割的一个部分,因为它能把个体从物质或者社会依赖中解放出来。这种独立在深受奴隶制和种族隔离洗礼的社会中非常重要。

作为一名成功的商人,费耶特·布莱克明显有资格享受其作为有序社会生活的支柱应有的尊重。然而,在福音派新教反对饮用酒精饮料的宣言所塑造的这个社会,他物质上的成功并不能抹去许多人视作重大道德缺陷的结果。因此,商人布莱克反社会的放纵威胁着当地重要的道德秩序。他父亲的名誉扫地和佩勒姆的英年早逝促使雨果更加相信,家族和地方福祉所依赖的个人行为要受人尊敬必须遵守福音派基督教的道德准则。

布莱克的母亲加强了这种对名望的承诺。丈夫的饮酒事件给玛莎·布莱克造成了很大的困扰,而佩勒姆的离世增加了她的担忧。尽管她自己不是一个信奉正统派基督教的人,但是她会带着她的孩子们去浸信会教堂,以维护家族的名誉,同时也是为了逐渐向孩子们灌输当地可接受的行为准则。此外,她还激励年轻的雨果追随他大哥奥兰多的脚步,奥兰多在 29 岁时曾作为"道德高尚且前途无量的年轻医生"被标榜为"亚拉巴马州的名人"。在与一位信奉圣公会的女子结婚之后,奥兰多的社会地位上升,甚至他自己一生都是一名虔诚的浸信会教徒,玛莎非常引以为傲。她也提高了对名望的意识,确保她最小的儿子是"克莱郡最整洁的男孩"。

保持名望的推动力很可能也影响了布莱克引人注目的学业成就。他四岁时便学会了弹奏家里的风琴,而且弹得很好,曾在当地学校的毕业典礼上进行过表演,他所收获的掌声令他对公众的注意十分敏感。长大后,布莱克在克莱郡的学校所开设的每个学科都表现得十分出色。18岁之前,他就在伯明翰医学院花一年的时间成功完成了两年的计划课程,以此证明了他的超凡智力。几乎每一个阿什兰镇上的居民都知道布莱克的两位哥哥所取得的令人钦佩的学业和事业成就(一个是律师,另一个是医生),这激励他要靠自己取得公众的尊敬和认可。而他的这种个人抱负中也隐藏着加强和维护自己家族在地方上的地位的决心。

布莱克在阿什兰镇所接受的公共教育注重古典学、古希腊和古罗马的历史和文学以及盎格鲁-撒克逊人的文化和政治遗产方面的教学。而严守纪律是最基本的要求。只要适当,课堂作业和教学的内容就会强调道德和爱国的主题。最重要的是,学校和家人都信赖《圣经》。小布莱克和他的伙伴们常常要在学校进行寓言故事式的表演,要么歌颂强烈的爱国主义,要么捍卫宗教和道德价值观,拒绝酒精和违法行为的诱惑。其中一场演讲激发了与内战及其后果有关的神秘情感:

> 曾经的南部推崇奴隶制和分离;
> 谢天谢地,那个南部已经死了;
> 现在的南部推崇自由和统一,

> 谢天谢地,这个南部还活着,还在呼吸,
> 每分每秒都在成长。

在雨果因其学业成就赢得家人、同龄人和当地人交口称赞的同时,毫无疑问,他也吸收了道德秩序、遵纪守法、自我节制、自律、社会稳定以及爱国主义的价值观,这些是他所受教育的核心。不过,比起和人待在一起,布莱克更喜欢与书为伴,因此他获得了独行者的称号。他还很小的时候,大概是 10 岁之前,就已经开始阅读查尔斯·狄更斯、沃尔特·斯科特以及《天路历程》这类文学名著。当然,他也看流行小说,还看过他后来描述为"性暗示"和"公开猥亵"的材料。他很早就已经有了牢固的独立思想。他说:"过早地了解到污秽、肮脏、亵渎以及色情语言不但没有令我喜欢上这些,反而恰恰产生了反效果。我向来都不喜欢使用、阅读或者听到这些分类模糊的材料中所使用的语言。"于是,他接受他的家族和教育传授给他的价值观,但是他自己也决定好了这些价值观在他生命中的优先次序。

青少年时期,因周围环境的影响,他对个人主义的看法十分矛盾。年少时的布莱克通过他父亲的生意了解到信贷和社会关系之间有着千丝万缕的联系,从这

一程度上来说,个人和社群生活是互相依赖的。国内和国际市场的压力、北亚拉巴马州和黑土带之间的权力斗争以及城市金融家和铁路的影响也引发了人们对依赖的恐惧。平民主义者重视独立农业生产者之间的统一(尽管有种族区分),强调特权阶级、非个人的经济力量以及政治利用会威胁到个人甚至是社群福利。

因家族社会地位模糊不清所产生的焦虑加强了布莱克对个人在社会群体中地位的敏感。虽然他接受小镇上有关道德和宗教地位的准则,但是当这一准则作为社会谴责他父亲、哥哥和叔叔们的依据时,他十分排斥这一准则。当家族中无辜的人(包括他自己)的个人名誉因此受到玷污时,他更加无法认可这一准则。化解这一名誉危机的其中一种方法便是通过学业上取得的成就赢得人们的尊重。这一成功也令布莱克暗自决定该如何增加自己人生的社会价值,以及增加到什么程度。

经过个人价值和社会价值之间的权衡,布莱克决定成为一名律师。他对法律诉讼的兴趣和对政治的入迷一样坚定而且根深蒂固。他所聆听过的审讯案件令他终生难忘。在那里,他意识到了陪审团在表达社会观点中的作用。布莱克在观众席上从一位儿子惨遭冷血谋杀的叔叔身上所学到的东西对他来说可能是意义最深远的一堂关于法律和社会的课程。未经审讯,地方上就组织了一队人准备对杀人犯处以绞刑;但是在痛哭流涕之后,那位叔叔跟他的邻居们说,要走法律程序。

这些经历塑造了布莱克的目标。在佩勒姆溺死之后,他只是有过一小段时间质疑过自己当执业律师的决定,而他的母亲则激励他要成为像他的哥哥奥兰多那样的医生。他在伯明翰的医学院读过一年书,不过他告诉奥兰多,他相信自己作为律师和亚拉巴马州立法机关中克莱郡的立法代表能够更好地为社会服务。

1904年,18岁的布莱克步行至邻近的小镇,搭乘火车前往塔斯卡卢萨,随即进入了当地大学的法学院学习。当时,这所学院非常小,只有两名老师。教学主要依赖上课和提问,而课程内容主要是继承自英国并且适用于美国各州需要的普通法、一系列法规、法则和诉讼程序。普通法的核心是辩护过程,这决定了如何在法庭上介绍案件以及如何由陪审团进行裁决。布莱克知道,陪审团是社会价值的知识库。在法学院学习时,他了解到律师的表现对于陪审团决定案件是否成立具有重大影响。一位经验丰富的律师可以通过辩护来保护他的当事人,尤其是面对一个毫无经验的对手时。除了上课之外,布莱克和他的同学会通过模拟法庭来了解普通法的基础原理。由于他始终偏向受压迫一方,在涉及个人伤害的案件中,他通常会选择作原告人的代表律师。

除了普通法之外,这所学院的第二个主要学习内容便是立法。1887年,国会设立了管理铁路的"州际商务委员会",并于1890年通过了《舍曼反托拉斯法》来保护农民和小企业主免受大企业的压迫。1890年代,平民主义者没能争取到更强大的反托拉斯法、更有利的信贷政策和更严格的铁路管理规定,但是世纪之交之后,进步主义人士开始在各州和联邦范围内采取这类措施。作为通过实施种族隔离制度直接干预社会和经济事务的立法者,他们也考虑到了全州范围内禁止生产和销售酒精饮料的法令。增加政府干预力度的主要法律基础便是治安权,这一基础在传统上鼓励各州尽责保护社会健康、道德和福利。

1906年,布莱克以名列前茅的成绩毕业,他的成绩令他获得了加入"美国大学优秀生全国性荣誉组织"的资格。大学的年刊预测他有一天很有可能会进入美国最高法院。除了学业成就之外,他也对政治抱有兴趣,他的同学每年都会选他担任干事。学生年鉴上,他被描述为"为人谦和,即使为恶也会彬彬有礼,做不出坏事";另一方面,年鉴上写道,"这家伙似乎只有一个想法,而这个想法是错误的"。

毕业之后,他回到了阿什兰镇。虽然镇上的人十分自豪地接纳了布莱克,但是他们还是会将自己的法律事务交由年长的律师处理。一般情况下,他会为保险公司调查一些理赔案件来赚取一点生活费。在等待绝不会到来的生意的同时,布莱克也在不断地广泛阅读历史、文学以及经典名著,希望借此更加清楚地了解人性。他常常独自一人在森林里一边漫步,一边练习政治演讲和法庭辩论。为了寻找客户以及获得与政治接触的机会,布莱克加入了当地的"共济会"和"皮西厄斯骑士会"。他也成了阿什兰镇浸信会教会的一员,不过这是在牧师同意宗教信仰的公开供认或者过去罪孽的公开忏悔并非必要的仪式之后。布莱克在教堂担任教会文书、主日学校的老师以及风琴演奏者等职务。

第一章　克莱郡的平民主义（1886年—1907年）

他仍然接受福音派新教教徒的基本道德准则，毫无疑问，他也希望他的教徒身份有助于增加他的法律业务并扩宽政治前景。

然而，不久之后，布莱克意识到他在克莱郡既不可能在律师事业上获得成就，也不可能实现他的政治抱负。1907年2月阴冷的一天，一场火烧毁了他的小办公室。9月，这位21岁的年轻人决定离开家乡。雨果·布莱克揣着余下的父亲留给他的遗产，再次坐上了火车离开，这一次是前往西边75英里之外的伯明翰。

第二章
伯明翰的进步主义
（1907年—1919年）

1907年，伯明翰仍是一个繁荣的小镇。在"阿波马托克斯事件"（阿波马托克斯是美国弗吉尼亚州中部旧村庄，在林奇堡附近，1865年4月9日南军罗伯特·E.李在此向北军格兰特将军投降，从而结束了美国南北战争。——译者注）之后仅六年，伯明翰的创建者们便已经开始依靠丰富的煤矿、铁矿和石灰岩建立起了一座以生产钢铁为主的城市，这座城市注定会与英国中部地区的同名城市产生竞争。在不到40年的时间里，伯明翰的工厂和矿山吸引了将近13.3万人来到这里定居，从而形成了亚拉巴马州最大的城市中心，但是工业上的飞速发展也带来了负面影响。犯罪屡禁不止、周期性地爆发劳工动乱、反复的种族和民族冲突以及工业事故等问题困扰着当地的居民,"恶劣的伯明翰"和"世界的谋杀之都"成了这个城市的代名词。紧张不安的局面引发了城市中正派公民的恐惧,他们支持进步主义,主张加强政府对伯明翰公民私生活的干预。

布莱克便是在这种环境中成长起来的。他刚开始既没有朋友也没有客户,但在十年的时间里,他创立的律师事务所成了这座城市最成功的事务所之一。同时,他开始出现在伯明翰进步主义政治的舞台上:他25岁时被任命为当地刑事法院的法官,三年后被推选为杰斐逊县的检察官。布莱克凭借卓越的个人能力、坚定的决心,以及对个人义务和社会团结之间的紧张关系的协调能力终于得以崭露头角。这也表明,他十分赞同个人自由应服从于社会控制。

刚开始的时候,他所面对的是充满风险和不确定性的未来。但是,他仍然按照在阿什兰镇居住时的方式生活,不断自学经典名著和历史,阅读吉本的《罗马帝国衰亡史》之类的书籍,这些书籍促使他越来越相信虽然在不同的环境中,人性的表象各不相同,但是实际上人性是不变的。就他个人而言,他一直留给别人真诚、谦恭、坚定的印象。他行事清廉而且专心致志。他的个人习惯也能证明这一点：他一天抽五包烟，不过也很擅长打网球。

最重要的是，他从到达伯明翰的那天起便开始结交不同的人，而且从未间断过。共济会、皮西厄斯骑士会和秘密共济会的会员身份也十分重要。和在阿什兰镇一样，他加入了城中最大的礼拜场所，第一浸信会教会。在那里的主日学校给成百上千人上课。坚持社交使布莱克交友广泛。他最早结交的赫尔曼·M.贝克是一个犹太人，是城中最大的批发商之一。贝克是皮西厄斯骑士会的一个高级官员，他曾让布莱克在他掌管全州荣誉办事处期间担任他的秘书。"在我和他一起共事的那些年里，"布莱克写道，"我们几乎亲如父子"，而且"他是我所认识的人当中最好或者说是最诚实的人"。此外，布莱克早期的法律事务所合伙人也帮助他扩大了交际圈。

在找生意的过程中，布莱克了解到伯明翰和杰斐逊县的社会格局：绝大多数白人有着英格兰或者苏格兰-爱尔兰血统，非裔美国人约占城市人口的40%。第二大白人种族是德裔美国人，而且还有不少的犹太人和意大利人以及少许中国人和叙利亚人。由于存在着民族差异性,宗教分裂应运而生,尤其是福音派新教与犹太教和天主教之间的对抗最为激烈。

财富和社会地位的不同更是在居民之间划出了等级。1910年,金融和工业企业的所有者和管理者属于最高等级,占人口的1%,他们的年收入从五万美元到一百多万美元不等;中产阶级包括从事房地产、承包、制造业、贸易经商和专业行业的人,占人口的19%,他们的年收入从3,000美元到3.5万美元不等。卡车司机和奶农、酒吧和酒精饮料经销商、零售杂货商、技工,还有诸如熟练的工匠、文职人员、煤矿工人和非技术工人之类各种靠工资为生的人以及佣人占人口的80%,他们一年赚取的收入只有500美元甚至更少。布莱克当时还是一个没有社会关系的年轻律师,属于受人尊敬的中产阶级,不管怎么样,他的地位高于大多数社会成员。

尽管社会精英具有极大的非正式影响力,而且控制着乡村俱乐部这类专属机构,但是这一阶层的人及其组织机构并非以政治利益为目的。然而,来自中产阶级或者较低社会阶层的种族和宗教团体都是以政治为目的组织起来的。福音派新教的积极分子组织了诸如"反沙龙联盟"和"法律秩序联盟"之类的协会,为了更加严格地遵守主日仪式、禁止卖淫和管制酒精饮料等规定而到处游说。中等收入和低收入的白人新教教徒也支持"亚拉巴马州反罪犯租赁协会"成员进行的改革运动,而且他们都是三K党的成员。中产阶级和底层的少数民族有他们自己的政治机构,例如"德裔美国人联盟"和"爱尔兰民主俱乐部"。虽然犹太人很少组建游说机构,但是他们常常支持其他的少数种族对抗福音派新教的积极分子。其他明显的政治划分方式包括市中心区和郊区之间的划分以及乡下的杰斐逊县和市中心伯明翰之间的划分。

1901年之后,普遍贫穷而且毫无政治权力的黑人沦为二等公民。一些来自上等和中等阶级的白人并不觉得黑人会给他们的工作带来威胁,因此支持在法律上存在有限的平等。伯明翰毕竟位于亚拉巴马州北部,这里的许多白人仍然喜欢基于社会习俗而非法律授权的种族隔离。黑人约占自由劳动力的40%,对于社会的繁荣至关重要。当地的执法人员没有工资,只能根据所承办的法律通告、参与的诉讼和逮捕的人数而获得酬劳,这种体制造成了许多弊端,尤其是造成了对被雇佣的非裔美国人的骚扰。因此,商会的一位官员抱怨道:"黑人劳工总是受到那些进入矿井和窑炉营地寻找赌徒的执法人员的骚扰,夜复一夜,那些没有被逮捕的人因为恐惧而情绪低落;因此,他们工作的时间无法固定。只有取消酬金制度,这一弊病才能更正过来。"然而,与此同时,商会希望严格执行无业游民法,以此来"禁止黑人游手好闲"。

雨果·布莱克顺应了这些社会现实,他的法律事业也因此蒸蒸日上。他欢迎来自各个民族、种族、宗教和经济集团的客户并且有效地代表他们处理各类案件,虽然大多数客户都来自中产阶级和底层。此外,尽管他同情天主教徒并且曾免费帮助个别天主教徒辩护,但是他不相信教会作为一个公共机构的力量。主日学校的教学工作令他有机会接触大量福音派新教教徒,而他加入的有些协会是不分宗教派别的,会推举贝克这样的犹太人为领导者。此外,绝大多数低收入的白人劳工和黑人劳工所形成的潜在客户群是一个志向远大的年轻律师绝对无法忽视的。同时,与中等收入和低收入群体建立起良好的合作关系也将他带入到当地政治重要的中心位置。

多亏广泛的人际关系,布莱克在多年之后写道,"主要是得益于我刚起步时接到的那些案子","几乎我曾经参与过的每一个案件都为我带来了新的生意"。虽然他通常是代表受伤的原告或者刑事被告出庭,但是布莱克并没有将自己看作是其客户所属团体的一分子。"在伯明翰执业的那段时期,"他写道,"代表工会的律师通过处理该工会个别成员的案件所赚的钱要比代表工会本身所赚的钱多得多。"在法庭上赢得胜利可以令律师在地方上"声名大噪",这一声誉可以带来非工会成员,甚至是工商企业的生意。

他很早就了解到"专业性过强的法律业务有时会令一个律师采纳过于专业或者狭隘的观点"。他发现"对于'企业律师',这很容易理解,但是最好记住同样的模式也适用于'劳工律师'"。"瑞士苏黎世保险公司在伯明翰邻近区域有大量业务",在明确被授权解决企业纠纷之后,布莱克"曾多年担任该公司的代表律师并获得认可"。更值得一提的是,虽然他曾作为"联合矿工工人协会"的专属律师处理过许多案件,但是他不是该工会的固定律师。不过,他曾多年担任"木匠地方工会"的固定律师,而且也曾代表"铁路乘务员兄弟协会"处理其所有的法律事务。

法律服务市场的变化万千促使布莱克偏向于做一名综合的执业律师。1908年暴力罢工期间,州当局支持的企业削弱了许多工会的力量,尤其是联合矿工工人协会。毫无疑问,布莱克代理个别成员的法律业务所赚的钱要比代理工会的法律业务所赚的多。手艺工会由列车司机和木匠这类有技能的工人组成,隶属伯明翰的总工会,他们主张种族隔离,是城市政治架构的一部分。作为这些工会的"固定律师",布莱克的收入稳定,不会威胁到现状。

从"美国担保公司与W.F.普赖尔"的诉讼案中可以看出他客户的多元化。标准石油公司雇佣普赖尔担任其蒙哥马利区的经理。当他的部门开始报缺时,这家公司便拿出偷窃的证据提起刑事诉讼向他索偿。如果普赖尔没有偷窃的话,美国担保公司肯定要支付差额。这一案件经过两次陪审团判决之后,普赖尔最先获得了2.5万美元,而后获得了5万美元的名誉损害赔偿。然而,这两家公司不断向亚拉巴马州最高法院提起上诉直到最高法院做出不利于他的裁决。即便如此，布莱克费尽周折申请重新审理，并最终为他的客户赢得了5万美元的判决，由此证明了他的法律实力。

布莱克的客户多种多样，但几乎不包括企业。在专业法律业务比较多的城市地区，布莱克这样代表个体原告在陪审团面前进行有效辩护的律师与企业长期雇用的固定律师存在明显的界限。与一次可以为一个案件中许多不同客户服务的原告律师不同，企业律师需专攻与大型联合企业相关的法律领域。在牵涉个人伤害的共同诉讼案件中，伤残的原告人控告企业要求损害赔偿，提出证据证明伤害事件是由于企业的疏忽造成的。陪审团裁决所复述的事件是否属实，以及如果属实，应赔偿多少金额。这些职业律师实际操作上的差别意味着原告律师和企业律师一般扮演着不同的专业角色，因此一方很少会代理另一方的客户处理事务。

尽管布莱克是苏黎世保险公司这类信贷机构的法律顾问，但是他很少在事故案件中为企业进行辩护。他拒绝了城中一家领先的联合公司合伙企业的邀请，致力于通过代表中底层阶级的客户而非那些来自经济富裕和社会精英阶层的人，实现自己的政治和法律

第二章 伯明翰的进步主义(1907年—1919年)

志向。

陪审团和胜诉酬金制是一般执业律师胜诉的重要原因。在事故案件中,律师适当说明社会的价值观便可胜诉;而胜诉的酬金是陪审团判定给原告人的赔偿金额的一定比例。一个有效的个人伤害案件的代理律师有能力经常让陪审团相信他的客户应该获得损害赔偿,和其他地方一样,伯明翰的法律将有资格进入陪审团的人选限定在普遍受尊敬、纳税且持有财产的公民之中。妇女、黑人和穷人通常都被排除在外。然而,诉讼当事人来自社会的各个阶层。因此,成功的诉讼律师必须知道在希望、恐惧、偏见和同情各种纷杂的感情之中应该触碰到哪一种以及了解受尊敬的陪审员在民族、种族、宗教、工人和企业团体方面所共有的利益。

雨果·布莱克深知大众对社会地位和个人独立的依附本身就存在不明确性,这样的认识使他能够在伯明翰的陪审团面前获得胜诉。一方面,有了这种认识,他知道要避免"说一些有可能留下永久创伤的话"。"当伯明翰一个年轻的律师对我进行人身攻击时,我会仁慈以对。结果是陪审团做裁决时会补偿我所受的每一分伤害。""简单的方法是迎面痛击你的对手。"然而,更深层次的是，对社会地位的强烈关注以及所受到的宗教和经典名著的道德教育使他能够触动陪审员对于个人责任、独立和依赖的矛盾情感。"律师的职业生涯在很大程度上取决于他的说服能力，"他写道，因此，如果他试图"呼吁其'听众'崇高的理想，他应该拥有内在的智慧和德行"。

布莱克敏锐的说服力掺杂着机会主义和对人性行为的基本信念。他认为罪犯应该获得最好的辩护，而原告和被告都应该有最有能力的代表。因此，布莱克和大多数律师一样都认为，赢得官司比抽象的公正更为重要。为了达到这一目的，他会引经据典（通常都是断章取义）来支持他处理的案件所需的观点。然而，仅仅是因为私利一说并不能解释布莱克频繁引经据典的原因。他在陪审团面前所取得的成功源于他对人性的深刻认识，他相信人性是不变的。这种推测反过来又令他相信，罗马学者塔西佗这样的历史学家所记录的人类行为能够为现代那些力图说服他人的人提供指引。作为一名律师，布莱克日趋增长的声望只不过令他更加确信，他对过去的探索和应用现在有了回报。

"玛丽·米尼亚德诉伊利诺伊中央铁路公司"案说

明拥有"智慧"和诉诸"理想"是能够赢得诉讼的要素。米尼亚德是一位铁路乘客,她声称该公司有罪,"竟肆意放任一个黑人妇女(这个人明显是一名精神病患者)辱骂、侮辱、诋毁她,令她颜面丧尽"。作为原告人米尼亚德的代理律师,布莱克要求陪审团判定她应该获得与她所受到的"耻辱和伤害"相当的赔偿。于是,布莱克激发起群众对地位的崇拜中集中体现出的模糊但强有力的情感。他指出,享有个人自由权利且无辜的白人妇女对抗的是非个人且不负责任的力量象征——铁路公司。由于黑人妇女是原本挑衅生事的人,布莱克的论证也会触及陪审员的种族意识;但是由于那名黑人妇女是一个精神病患者,在这种情况之下,种族问题几乎是次要的,更加令人信服的要求是铁路公司对群众的行为规范负有责任,而且事实是铁路公司有能力赔偿损失。毫无疑问,布莱克胜诉。

黑人原告威利·莫顿牵涉的一起案件表明了布莱克关于种族的复杂态度。莫顿是一名罪犯,他在刑期之外被多关押了22天,其间为伯明翰的斯洛斯·谢菲尔德钢铁公司工作,他向布莱克寻求帮助,希望获得释放。这一案件触及很多大问题。将罪犯租赁给私营企业对于郡县而言是十分普遍的事情。由于缺乏充足的税金来供养囚犯,地方政府将囚犯的食物、住宿和惩罚成本转嫁到了私营企业身上,而反过来私营企业也可以获得廉价的劳动力。这种体制滋生了大量暴行,进步主义人士曾反复对此进行过抨击,最终布莱克自己也成了"亚拉巴马州反罪犯租赁协会"的主席。不过,由于大多数囚犯都是贫穷的黑人,而且大众反对提高课税来供养被指责为天生就是罪犯的种族,因此这一体制仍持续存在。

这一体制本身固有的弊病逐渐破坏了应遵守的法律和秩序,而白人正是依靠遵守法律和秩序才得以在非裔美国人的社会中保持和平。此外,白人劳动力团体反对罪犯租赁,因为它导致罪犯与自由劳动者之间形成了不公平的竞争。更重要的是,在当地产业工作的吸引之下,曾经的罪犯往往会在释放后选择继续留在该城市;尽管许多白人认为黑人是下等人,但是守秩序的自由黑人雇工对于伯明翰的公共福利而言是必不可少的。无法让企业和政府工作人员为明确违反法律的行为负责任,会导致出现与种族和阶级矛盾相关的不稳定的社会局面。

第二章 伯明翰的进步主义(1907年—1919年) 51

然而,莫顿的案件具有潜在的象征意义,而且这是布莱克在伯明翰的巡回法院办理的第一起案件。作为一个新执业的律师,他只是在低级法院的治安法官面前进行过辩护。巡回法院的陪审团会判给原告人损失赔偿金,而如果胜诉的话,布莱克就可以按比例获得其中的一部分。然而,莫顿和那家公司的律师都被要求进行合理的辩护。布莱克曾经在法学院学习过辩护制度,但是以前从未在法庭上实践过他所学到的理论。那家公司的代理律师是威廉·I.格拉布,是当地最有经验的辩护律师之一,精通辩护。他三番两次试图利用无关紧要的辩护来误导布莱克,但是这个年轻的律师有效地进行了反击。最终,伯明翰的前任市长 A. O. 莱恩法官跟格拉布说"你看起来明显不能在法庭外说服这个年轻人,所以我建议你现在只需将争议的问题提交法院审理"。陪审团最终作出了对莫顿有利的判决,判定莫顿获得137.5美元的损失赔偿,而布莱克和他的合伙人分到了其中的一半。

普赖尔案件、米尼亚德案件和莫顿案件是布莱克胜诉的众多陪审团裁决案件中的典范,而他通常可从原告人那里获得33%的胜诉酬金,年收入是伯明翰一般的律师所不能比的,总金额约为 4.7 万美元。这次成功让布莱克学会了将在克莱郡学到的价值观运用到亚拉巴马州主要的工业和人口中心。

威利·莫顿的案件为布莱克开启了他政治生涯的大门。首席法官莱恩着力于进步党的活动,在伯明翰创立了委员会形式的管理机构。1910 年,立法规定郊区附属于城市,从而改变了权力的平衡,形成了对福音派新教有利而对控制市中心的少数种族不利的局面。第二年,123 名矿工,其中主要是黑人罪犯,在矿难中丧生,这一悲剧的发生促使进步党赢得了立法支持,以城市委员会取代了伯明翰的市参议会体制。为了确保新的委员会制度取得成功,进步党任命的公职官员都是福音派新教和少数种族团体能够接受的人。莱恩被任命为警察专员,负责城市的刑事司法体系,享有推选低级法院法官的权力,而这些低级法院的法官主要负责审理涉及绝大多数黑人罪犯的小型刑事案件。于是,莱恩想起了多年前初来伯明翰便为威利·莫顿巧妙地进行辩护的新人。莱恩曾在《时代先驱》杂志上说,他(布莱克)非常适合"担任法官一职"。

1911 年,雨果·布莱克成了治安法院的法官。莱恩将法院开庭的时间限制在清晨的几个小时,所以,这位新任命的法官可以继续担任执业律师。布莱克接替了三名法官和许多其他官员的职务,这些人每年要花掉伯明翰政府将近3.3万美元,而他的酬劳只有1,500美元。因此,他第一次在清晨法院开庭时便宣布:"召唤证人或者进行审讯不得有任何拖延。我要求绝对守时和井然有序。"《伯明翰新闻报》报道称,这一委任有一个良好的开端,公众甚感欣喜。

每天清晨,这位年轻的法官都坐在审判席上看着生活在这个因暴力而闻名的城市里的渣滓——妓女、懒汉、鸡鸣狗盗之徒、赌徒和醉鬼。这些人中也包括那些前晚因愤怒或者粗心大意用拳头、枪支、剃刀或者开关闸刀伤害他人的人。因此,伯明翰的小型刑事法庭直接面对的是这个社会在秩序、安全和地位等深层次方面所固有的不安局势。

布莱克对这一工作的处理引起了公众的广泛关注。尽管有采访警方消息的记者授予他"地狱雨果"的称号,但是他仍然树立起了公正和高效的声誉。与往常一样的一天清晨,他打开"市政厅肮脏、昏暗的里屋,这里有一个不恰当的名字——'法庭'"的门,然后做好准备迎接迎面而来"足以令人患上黑死病的臭气"。接着,他脱掉外套,拉起袖子,在拥挤的人群和列有120个名字的(待判决的)诉讼时间表面前坐下。他在中午之前就解决了所有案件,而且"每一个人都接受了聆讯"。布莱克大力支持无业游民法的制定,不过如果他认为证据确凿,他会做出反对警方的判决。在一起这类案件中,警察破坏了一场舞会,逮捕了22名黑人;但是布莱克将他们全部释放了,他认为警察"和其他人一样都没有权利去破坏那场舞会"。还有一次,一名黑人被告承认开枪射中了几名赌徒,但是否认在赌场找到的枪是他的。"我选择相信你,你可以走了。"这位法官裁决道。结果,有报道写道,当"一个黑鬼成功令布莱克法官相信他是清白的时候,就算有警察作证,他也可以成功脱罪"。

布莱克的处理方法反映出矛盾的社会不安局面。年度统计数据显示,一年里城市中仅牵涉黑人被告和受害者的杀人案件占59%,而黑人被告所杀的人中白人仅占4%。事实上,有25%的杀人案件是白人杀害白人,但是1909年大陪审团大呼黑人罪犯是白人的负担,很多《伯明翰新闻报》的报道表示同意这一说法。

因此,白人执法人员有时候会为了微不足道的理由杀害黑人。1910年,一名警察开枪杀死了一个偷了几块煤的13岁黑人女孩。这一悲剧迫使黑人夏伊洛浸信会的成员发表了一篇决议书,恳求白人记住"和征服强大的人一样,保护弱小和无助的人也能体现出一个人的力量和品格"作为回应,伯明翰一小部分极具影响力的受人尊敬的白人公民在《时代先驱》上发表了一封信表示赞同,这份报纸普遍代表的是进步党的观点并且支持人道主义理论。这封信谴责了"对黑人野蛮、残忍、不可原谅的谋杀行为"。"假如有足够的钱和影响力,而且不是黑人的话,任何人都有可能违反刑事法律,甚至到谋杀其邻居的程度却不受任何惩罚。"这封信的结尾写道:"我们白人实在太过随心所欲了。"

市警察局长是1911年创立的新委员会体制的支持者,他对此也持有相同的观点。"我每天都会看见年老体弱的黑人男女被带进治安法庭,因为一些微乎其微的过错而被处以一美元的罚款。那些年迈的黑人身上穿的衣服揉在一起还不如一块口香糖大;他很可能连买一片干面包的钱都没有,只能生活在某条小巷的某个小窝棚里,"警察局长对《时代先驱》的记者说道,

"他不得不向放高利贷的人借钱来付罚款和其他费用，而每借一美元，放高利贷的人会向他收取25美分的费用。整件事都是错的，"他说道，"这样的对待必须停止。"

这类批评反映了对收费体制更为广泛的反对意见。受益者依靠治安法官频繁判处罚款以及强行对那些出庭的人进行冗长的判决而获利。进步党新的委员会政府的核心是打击那些从这些费用中获利的腐败官员。毋庸置疑，莱恩之所以会任命布莱克，是因为他相信这个曾经为贫穷的黑人威利·莫顿辩护，对抗强大企业的年轻律师会以相同的决心来抨击旧秩序。在布莱克迅速做出法律制裁的同时，他限制了支付的罚款、警察在法庭出现的次数以及当地监狱监禁的人数。他这样的做法公开表明他支持《时代先驱》、莱恩和伯明翰的警察局长推行对每个人，其中包括非裔美国人进行公平审判的举措。

反对收费体制是从"市政厅团伙"手中夺取当地政府控制权斗争的一部分。莱恩自己就是一个受大众欢迎的连任两届的稳健派市长，曾经因其"公平和公正"赢得白人和黑人的称颂。1908年罢工期间，他领导一

第二章 伯明翰的进步主义(1907年—1919年)

队白人"公民武装队"维持治安,不仅谴责制造动乱的劳工,也谴责那些对"社会平等"造成威胁的工会。因此,种族问题仅局限于典型的北亚拉巴马州所偏向的基于法律和社会习俗,而非州强制性的有限的平等和种族隔离。此外,进步党将他们对收费体制的抨击与政府的经济需求联系起来。因此,他们提倡严格执行无业游民法。

布莱克法官在治安法庭上的表现反映了这些价值观和利益。他逐渐破坏了收费体制,并忠实地执行了无业游民法。从整体上来看,他的行为与伯明翰进步党的经济和政治臆测相一致。在他的第一份公职上,他在政治上与进步主义活动家保持了一致。布莱克认识到并且强调社会的信念,即个人责任和社会福利是相互依赖的。他察觉到并且贯彻了大众对待个人行为和社会团结的看法。

不久,他发现自己卷入了一场范围更广的论战之中。就在他凭借司法权力向收费体制发起进攻的时候,《有益的慈善杂志》的"调查"专栏开始对伯明翰进行详尽地调查。与国家进步党的改革一样,"调查"对社会上重白人轻黑人的不公平的教育资助进行了抨击。该杂志也批评了前进步主义州长 B. B. 科默的工厂中妇女和儿童所处的恶劣工作环境,并将这里称为"半英亩的地狱",而且最重要的是,"调查"揭露了收费体制的丑恶。该杂志揭露出一位县执法官的剥削行为可以令他每年净赚 8 万美元,其中包括本应用于囚犯饮食的费用。"当一个州的收费体制窃取了一个人的自由时,它便窃取了他所拥有的一切,"该杂志写道,"但是当官员仍未善罢甘休,拿走他的绝大部分伙食补贴时,他们实际上已经将他扒光了。"

国家媒体的关注激发了地方上的反应。在"调查"发表了揭露伯明翰丑恶一面的文章八周之后,联邦大陪审团便指责郡县的刑事司法体系"糟糕透顶"、"跟抢劫没两样"、"就是强取豪夺"。收到这一报告的联邦法官是 W. I. 格拉布,就是布莱克在威利·莫顿的案件中成功驳倒的那个企业律师。格拉布接受了大陪审团的观察报告,报告中阐述了收费体制侵害了贫苦黑人的利益。大陪审团请求联邦进行干预,希望"美国政府运用其深远的影响力进行庇护,至少坚决不容许违反法令"。然而,联邦的力量有限。州和地方政府必须采取措施,通过为杰斐逊县 150 名地方执法官、150 名治安官以及众多副治安官设立固定薪金制度,从根本上来解决这一问题。虽然这一计划需要增加赋税,但是可以将伯明翰杰出的专业、房地产、公共设施、工业、商业和银行业的领导人与劳动力支持者联合起来组织一次运动,通过一项宪法修正案,确定由州而非地方支付用作郡县执法官员薪金的经费。

此时,布莱克看到了赢得晋升选举的机会。1912年秋,他辞去了法官职务,准备竞选县检察官。他面对的是四分五裂的民众,市中心绝大多数少数种族反对郊区的福音派新教教徒,因为他们中的大多数人是抨击收费体制的禁酒主义者,而拿了执法官员钱的代理人会用酒和赌博来诱惑无辜的黑人工人从事不道德的行为。酒形成了一种威胁,它促进了"堕落的幽暗巢穴"的形成,在这里"人们明目张胆地作恶,恐怖分子藏身于此并聚集起来策划犯罪活动"。1913年,"肮脏的棚户应该只属于白人",但是大陪审团发现了"黑人男人侵入白人妇女居所的证据",这令品行端正的白人公民惊恐万分。于是,正派的公民明白了,酒和赌博是导致"被灌了酒的黑人胡作非为的罪魁祸首"。

这些不安因素促使布莱克以反对赌博的斗士身份

参加竞选。但是，其他较有名气的候选人也将筹码压在了福音派信徒关注的问题上，因此他不得不吸引更加广泛的注意。于是，他决定代表"那些生活受到大型外居企业力量主宰的无助的人"。他优先为个人辩护证实了他所说的代表"平民百姓"，而非"资本家或者政客"的言论。这一策略吸引了市中心少数种族选民以及那些受雇于工厂和矿场的工人的注意，以求获得那些在其他方面互相对立的群体的选票。

他和克莱郡的平民主义者一样，将自己塑造成底层人。他开着老爷车访遍了杰斐逊县的每个角落，通常是去多次，进行热情洋溢的个人面对面的拉票活动。来伯明翰之后所培养的人际关系确实是有价值的。他日夜奔走于能看见人的地方，去旅馆住宿、野餐、集体晚餐、商店、打篮球等，除了投入法律业务的时间之外，他的其他时间几乎每一分钟都用在了参加这些活动上。布莱克赢得了贫困大众、中产阶级和富人中有影响力的人的支持，其中包括警察专员莱恩和联邦法官格拉布。

他最主要的对手是时任县检察官哈林顿·P. 赫夫林，他是亚拉巴马州最显赫的政治家族中的一员。布莱克的支持者每天在杰斐逊县四处发放印有"是赫夫林,还是布莱克?"问题的传单。1914年秋,令政界十分惊讶的是,杰斐逊县政府最终推选布莱克担任县检察官,任期四年。平民主义式的竞选运动吸引了农村和城郊禁酒主义者以及各少数种族选民。布莱克写道,这次成功是"努力、专注工作的成果,不仅仅只是八个半月积极的参选活动",还有在伯明翰这七年的努力工作。

1915年初,就在进步主义开始衰退的同时,布莱克进入了检察院。亚拉巴马州人奥斯卡·W.安德伍德获得提拔进入参议院,他是一个来自伯明翰的忠诚民主党国会议员,只认同伍德罗·威尔逊总统的进步主义政策,反对全州范围内的禁酒令。而布莱克更多关注的是,州长直接任命落败的赫夫林为伯明翰刑事法院的法官之一。这位新检察官如今不得不经常在赫夫林法官面前讨论案件,这个人正是他开展竞选活动所针对的旧"法院圈"中的一员。

在规定州向刑事法官提供薪金的宪法修正案通过之前的几个月,布莱克展开行动打击收费体制。他发现监狱拥挤而且等候审判的案件超过3,268件,于是释放了500多名罪名微不足道的罪犯,声称他们只是无奈地陷入了一个腐败的体制之中。与此同时,布莱克强有力地控诉了那些真正的违法行为。杰斐逊县政府支持他的立场,以将近8比1的比例通过了修正案。

尽管如此,这位年轻的检察官在这座"世界谋杀之都"所面临的是众多严峻的刑事案件。县里一个被称为"血腥岭"的煤矿区,白人经常杀害黑人。在布莱克警告不得进行这种谋杀行为之后不久,有两兄弟杀死了一个黑人,之后点燃柴堆将他的尸体焚毁。布莱克对这对兄弟提起了公诉,陪审团判定他们有罪,处以绞刑。尽管在许多这类案件中布莱克大多以胜利告终,但是陪审团有时也会让种族偏见占上风。因此,尽管这位检察官抗辩那名残忍杀害黑人少年的冷血警察应被判处死刑,但是陪审团认定他的行为只属于二级谋杀,并判处了25年的刑期。此外,赫夫林法官经常批准有争议的讼案延期审理,其频率之高致使布莱克向亚拉巴马州最高法院申请调派额外的法官到杰斐逊县,以便加快案件的审理。

同时,他谨守自己竞选时许下的承诺,为工人进行辩护,使其免受强大企业的压迫。布莱克成功检举了煤矿公司实施对矿工不公平的工资制度,并且对保险公司施压,令其遵守法律,保障受伤工人的保险理赔问题。布莱克甚至鼓励大陪审团对当地冷酷警察的审讯方法进行调查,据传闻,他们的审讯方法"十分残忍",甚至能让"大多数未受过教育的野蛮人觉得羞耻不堪"。贝瑟默市的警察经常会在三更半夜将逮捕回来的有嫌疑的黑人囚犯绑在门把手上,屈打成招。大陪审团的报告(据说是由布莱克撰写的)称:"一个人不会因为受到指控或者某位警官怀疑他有罪而丧失他作为人类的权利。"贝瑟默调查并没有多么长远的影响,有关这一调查的争论也很快平息了下来。不过,这次调查彰显了布莱克的价值观。他运用传统修辞术语抨击了贝瑟默官员的恣意妄为,认为他们的这种行为不仅"残暴专横",而且"无耻",他主张,"只要人类的生命是神圣的,人类的自由和安全居于至高无上的地位,那么人类的权利就绝对不能臣服于任何一个官员或者任何集团的官员。"

布莱克也直接为极具影响力的福音派新教徒上诉,打击酒行业。1915年,立法机构将禁酒令列入了州律法,《亚拉巴马州基督教倡导者报》因此欣喜地写道,"感谢上帝,酒支配亚拉巴马州的岁月已经过去了。"两年的时间里,伯明翰郊区的福音派战胜了市中心反对禁酒的少数种族群体,接管了市委员会。因此,尽管进步主义的影响力逐渐减弱,但以他们的目标和选民为中心的政策此时仍支配着市政府。作为县检察官,布莱克有责任执行新令,而且他要做的事情还有很多。与酿酒厂的利益密切相关的私酒贩子成立了"非法售烈酒的沙龙",这种地方通常与赌场没什么区别。此外,由于失去了酒精饮料广告的收入,报业的利润下滑,他们意识到新闻自由受到了巨大的威胁。

在这些问题上,布莱克认为社会控制优先于个人权利。伯明翰一位报摊的经营者声称州政府干预售酒广告,违反了《第一修正案》,因此仍继续售卖刊登有售酒广告的出版物。这位县检察官要求赫夫林的市法院出禁令,禁止那位报摊经营者的行为,但是被赫夫林法官拒绝了,他表示支持《第一修正案》的保护条款。然而,布莱克一向亚拉巴马州最高法院提起上诉便取得了胜利。还有一起案件,布莱克怀疑啤酒厂试图通过生产"类啤酒"的饮料来规避禁酒令,他们声称这种物质不在州法律定义的酒精饮料范畴内。他们称禁酒令侵犯了《第十四修正案》的正当程序条款所保护的个人权利,格拉布法官驳回了这一论点;布莱克又一次赢得了胜利。

他所取得的这些胜利最终吸引了蒙哥马利县首席检察官的注意。州官员在亚拉巴马州的吉拉德抓住了六名威士忌酒走私贩,他们手中持有价值60万美元的酒。首席检察官任命布莱克为特派州检察官,负责审理"吉拉德六名走私贩"的案子,当这些走私贩未能出现在法庭上时,他下令销毁了充公的酒。这一举措立即引起了走私贩及其有影响力的支持者的抗议,他们认为州政府非法销毁了私人财产。布莱克反驳道,当被告人没有出席审判时,他们就已经放弃了他们的权利。全州的报纸都支持这一观点,称布莱克是"这些事件中的风云人物"。该案件最终被提交到了亚拉巴马州最高法院,而最终的判决再一次偏向了布莱克这一边。

然而,另一个事件带来了更多不好的影响。1916年,三K党在伯明翰成立了第一个亚拉巴马州支部。在欧洲战争引发的日益紧张的局势之中,三K党谴责天主教徒、犹太教徒、黑人、外地人、罢工者、走私者、不道德的女人等其他罪人。其成员是同样支持禁酒令并与少数种族抗争的福音派新教教徒。同年，三K党成员烧毁了一座距离伯明翰不远的天主教教堂。伯明翰市的三K党支部实际上源于一个由第一浸信会教会的牧师创立的名为"真正美国人"的秘密反天主教组织。1917年委员会主席选举时，这些偏执的反种族因子已经将社会分化得不堪入目，以至于许多福音派新教教徒也十分抗拒他们。尽管如此，这一届选举的优胜者获得了"真正美国人"协会的认可，而且一掌权就用三K党成员取代了信奉天主教的治安官。虽然布莱克与"真正美国人"协会的创立者属于同一个教会，而他在主日学校班上的学生都是三K党成员，但是此时他没有与其中任何一个团体来往。

由于美国打算参战，布莱克面临着一个更加直接的挑战。两年多以来，他一直以检察官的身份有力地起诉伯明翰有势力的群体。到1917年初，他所属的法院与赫夫林集团之间的冲突陷入了胶着状态，堪比社会范围内十分广泛的种族和政治斗争。最终，布莱克的对手利用了亚拉巴马州宪法中有关县出纳员负责管理支付给检察官助理工资的一项模棱两可的条款。由于县出纳员与赫夫林集团沆瀣一气,布莱克与赫夫林集团之间的争论威胁到了他对其工作人员的控制能力。在经历了两次向州最高法院上诉的大型诉讼案之后,判决变得对布莱克不利。因此,他选择了辞职,并且在美国加入第一次世界大战之后不久参军。

进退两难的境地迫使他作出了这样的决定。与格拉布和赫夫林不同,布莱克既没有直接支持伯明翰的社会精英,也没有直接支持城市企业主。要想稳固自己的权力,他必须获得那些彼此普遍针锋相对者的支持。作为原告人的律师和民选官员,他改善了分裂的社会和紧张的政治局势,成功调整了大众对地位的推崇中所固有的社会和个人的价值观。他对收费体制的抨击和为贫困的原告或者刑事被告所进行的辩护表明社会团结和个人权利至少在某种程度上是互相依赖的,但是布莱克执行禁酒令以及对新郊区、福音派新教绝大多数教徒的偏好削弱了这种平衡。由此产生的冲突令他无法招架派系之间的争斗,同样的争斗也击垮了进步党人士;三K党日益加大对禁酒改革运动的干预只不过揭露出这场对抗已经变得多么地难以控制。

布莱克选择了参军来逃避这种不确定性。最初,他十分认同威尔逊总统国务卿威廉·詹宁斯·布赖恩的观点,认为可怕的欧洲战争是由无良的、贪图利润的军需品制造商造成的。然而,国会一宣战,布莱克不确定的政治立场促成他决定保卫国家。他成了一名陆军上尉,但是不需要离开美国;而在停战之后,1919年初,他手里捧着荣誉退伍证书踏上了开往伯明翰的火车,打算重新开始律师事业,面对不可预知的和平。

第三章
偏见的风险
(1919年—1929年)

1919年,雨果·布莱克重返伯明翰之途并不顺利。《时代先驱》对此做了简要报道,"布莱克上尉重新开始了律师事业,在第一国家银行大楼的9楼开设了事务所",而且没有迹象表明短暂地离开律师业减弱了他吸引客户的能力。始料未及的变故促使他的事务所必须立刻盈利。服兵役期间,布莱克一直入不敷出,曾屡次动用本就不多的积蓄以及由他的朋友——商人赫尔曼·M.贝克替他管理的投资收入。他也曾抵押物品,投资到两家伯明翰银行之间的投机合并上,然而,合并失败,他失去了一切。不久之后,严重的肺炎差点要了他的命。尽管康复期间有朋友的细心照顾和精神支持,但是布莱克不得不向他哥哥的遗孀借钱支付医药费。

因此,1920年代,他开始有些焦虑。《第十八修正案》的通过和禁酒令的成功加深了这种不确定性。布莱克担任原告律师、治安法院法官和县检察官的经历使他看清了大众对地位、社会团结和个人权利的崇拜所带来的优势和弱势,这些与福音派新教教徒支持禁酒令以及三K党的出现密不可分。战后,这样的背景使得布莱克对于三K党的飞速发展尤为敏感。在亚拉巴马州等地,这个无形帝国仍然致力于恐吓少数民族和种族群体,尽管他们在公开场合对这些策略只是轻描淡写地提及,以求获得中产阶级成员的支持。许多可敬的亚拉巴马州人宣誓表示忠诚,继而创立了一个基础深厚的具有巨大政治影响力的组织。布莱克要是忽略了这些发展,只会让自己身处险境。

在返回伯明翰之后的几个月内,布莱克开始发挥他成功解决个人伤害案件的天赋。他不仅利用所赚得的丰厚酬金偿还了债务,还付现金买了一辆新车。他也重新加入了许多团结友爱的市民组织,其中包括"共济会"、"皮西厄斯骑士会"、"伯明翰商会"以及"美国退伍军人协会"。1920年,市"律师协会"推举他加入执行委员会。此外,布莱克仍坚持阅读托马斯·杰斐逊发表的所有作品、其他史籍以及各种古希腊和古罗马经典著作。他也仍然是一个狂热的网球运动员,仍然积极参与第一浸信会教会的活动并且在主日学校任教。

布莱克所处的是一个陷入冲突的社会。战后,伯明翰仍保有宽敞笔直的街道,包括南部最高的大楼在内的摩天大楼越来越多,人口也在不断增加。但是这些发展的促进者们希望伯明翰取代亚特兰大或者新奥尔良成为南部重镇的梦想仍未实现。促进经济突飞猛进的工业多元化也是导致出现不安局势的原因之一。总部位于匹兹堡的美国钢铁总公司对其伯明翰的子公司实施了一项价格歧视政策,抵消了伯明翰的低劳动成本所带来的优势。人口增长加剧了白人和黑人之间的工作竞争;而战时的联邦法规迫使人们互相争斗,四分五裂。当"矿工联合会"重新进行 1908 年失败的斗争时,公务人员运用武力以及借助白人至上主义者的力量打垮了该联合会,指控其"将黑人和白人看作完全平等"。更重要的是,在这场新的斗争中,政府当局有了一个新的同盟——三 K 党。

1926年9月13日,三K党的"帝国巫师"H.W.埃文斯博士带领三K党的骑士们在华盛顿游行。©美国国会图书馆

布莱克认识很多秘密加入无形帝国的人。三K党恶毒的反天主教行径及其与"反沙龙联盟"联合成功进行的禁酒改革运动不可避免地将三K党拉上了政治舞台。1920年竞争激烈的美国参议员选举期间,三K党反对在任的奥斯卡·W.安德伍德。虽然安德伍德最终赢得了竞选,但是他的获胜优势十分微弱,由此布莱克意识到,三K党的禁酒联盟将对国家的政治前途产

第三章 偏见的风险(1919年—1929年) 73

生深远的影响。

布莱克仔细考虑了当前的局势可能对自己未来造成的影响。亚拉巴马州最高法院屡次判处个人伤害案件中的原告人获得高额的损害赔偿金,从而稳固了他作为原告律师的声誉。不久之后,他便成了该市收入最高的律师之一。于是,他开始认真考虑婚姻问题。此时,布莱克34岁,但是他修长的身形、健康的体魄、敏捷且自信的行动以及外向友好的性格令他看起来比实际年龄年轻一些。在南部专属俱乐部的舞会上,他遇见了约瑟芬·福斯特,并凭借他取得法律和政治成就所持有的决心开始追求她。

约瑟芬·福斯特迷人、睿智而且独立,她的家族非常受人尊敬,社会地位显赫。她毕业于斯威特布莱尔学院。战争期间由于狂热地追逐威尔逊理想主义,她加入了海军女性部队——文书军士(Yeomanettes)。她的父亲斯特林·福斯特出生于亚拉巴马州黑土带一个著名的种植园主家庭。而她的母亲安·帕特森则出生于田纳西州一个显赫的家族。约瑟芬的父母并不在意布莱克的家族根源,而是惊讶于他作为劳工律师的声誉。他们只在偶尔开玩笑的时候才会称呼约瑟芬相中的求婚者为"年轻的布尔什维克"。此外,他们的女儿比他小将近13岁。但是,父母的疑虑最终逐一化解,雨果和约瑟芬于1921年2月23日在福斯特家举行了只有家族成员参加的私人婚礼。

婚姻令布莱克得以晋升到伯明翰的精英阶层。约瑟芬会在家中与布莱克交流古典音乐以及其他优雅的文化。他们生了两个儿子,小雨果·拉·费耶特和斯特林·福斯特。"伯明翰乡村俱乐部"和"少年联盟"的会员身份反映出了这个家庭的社会地位和成就。

不过,布莱克仍与其在克莱郡的许多亲戚保持着联系。他在写给18岁侄女的一封信中说道,生命中有两样东西比几乎任何其他事物都更为重要,这便是工作和耐力。他也强调了运动的价值,并以极具洞察力的视角总结道:"我们家族中的许多成员都很容易变得喜怒无常、沮丧、愤世嫉俗、对他人过分挑剔以及悲观。这些都是需要极力避免的。乐观会带来更多快乐,让你交到更多朋友,得到更多你所追逐的东西。"

安逸美满的私人生活以及稳固的专业地位并没有令布莱克放弃他的政治抱负。1926年,他渐渐开始考虑竞选参议员的几率。几项因素表明,他或许有机会当选。1913年《第十七修正案》通过,直接普选取代州立法机关成了竞选参议员的手段,从而削弱了企业主的影响力。《第十九修正案》给予了妇女选举权,也产生了相同的影响。此外,亚拉巴马州改变了民主党初选制度:如果没有候选人以绝对明显的优势赢得选举,那么将宣布得票数最多的第一和第二名候选人为获胜者。这些变化分散了候选人主要凭借其知名度、显赫的社会地位或者政治机构的候选人身份而获得的支持票数。此外,禁酒令问题以及三K党日趋增长的影响力削弱了传统政治阵营的力量。

1920年代初,亚拉巴马州的选民开始在候选人名单上看到了雨果·布莱克的名字。莫比尔是亚拉巴马州的重要港口,居住在这里的人大多信奉天主教,延续着拉丁传统,而此时这里成了非法的酒产品集散中心。1923年,联邦当局控告117名莫比尔的领导人员违反国家禁酒法令,这些人中包括警察局长、县委委员以及一位富有的商人(他最终以城市代表的身份进入了美国国会)。美国共和党司法部长哈伦·菲斯克·斯通任命布莱克为该案件的特别检察官。经过几个月的审讯(州内新闻报纸头版每天均有报道),警察局长一干人等被判有罪。作为"亚拉巴马州监狱改革协会"的主席，布莱克领导了废除臭名昭著的罪犯租赁制度的斗争。他在写给州长的信中说道，这个恶魔允许企业克扣"自由矿工的工资"进行剥削。1927年，这场广为人知的运动最终取得了胜利。

另一件颇具争议的案件的胜利使得布莱克吸引了更多公众的注意。亨利·刘易斯目不识丁，是一个贫苦的罪犯，迫于租赁制度在一家公司工作，在一次因公司疏忽造成的矿难中，他受伤严重。州立法院的陪审团判处该公司支付刘易斯4,000美元的损害赔偿金，但是这家公司在付款之前便申请了破产。为了赢回赔偿款，布莱克将该案件上诉至联邦法院，为刘易斯辩护并要求该公司依据联邦破产法以财产抵偿。然而，联邦法官裁定，联邦破产法只保障拥有有效契约的债权人的权益，而罪犯刘易斯没有这类契约。于是，布莱克要求美国最高法院接受"赤贫人申诉书"，受理此案，即以贫民身份上诉免付上诉费。在"刘易斯诉罗伯茨案"（1925年）中，法官一致同意推翻下级法院的裁决。这一判决宣扬了法律公义以及布莱克的领导力。

不过，在另一起轰动全国的谋杀案的审讯中，布莱

第三章　偏见的风险（1919年—1929年）

克面对的问题更加棘手。埃德温·R.斯蒂芬森是一个没有确定官方身份的新教牧师，他在光天化日之下，在距离伯明翰法院不远的科伊尔住宅的门廊前开枪杀死了詹姆斯·E.科伊尔神父。在杀死赤手空拳的科伊尔之后，斯蒂芬森自首，向市警察局长坦白了一切。他说，当天早些时候，科伊尔为斯蒂芬森18岁的女儿露丝和已近中年的波多黎各裱糊匠佩德罗·古思曼主持了结婚仪式。斯蒂芬森称，他去教堂是为了寻找他的女儿，却碰巧遇到了科伊尔。他辱骂科伊尔是"卑鄙小人"，而神父因此打了他，于是斯蒂芬森开了枪。科伊尔是伯明翰天主教会的领袖，该教会在当地有十二间教堂。由于正好赶上三K党不断针对少数民族和种族进行恐怖行动，该谋杀事件闹得伯明翰，乃至整个亚拉巴马州沸沸扬扬。

斯蒂芬森的律师是雨果·布莱克，他使尽浑身解数去触及陪审团心底最深处的感情。在一个戏剧性的时刻，他要求古思曼出庭。"我只是想让陪审团看看这个人。"他说道，《伯明翰新闻报》报道称，"他们设置了法庭里的灯光，这样的话就能突显出古思曼灰暗的肤色。"接着，在结案陈词时，布莱克将两名信奉天主教的目击证人描述成"忠诚但虚伪的教徒"。他进一步说道,由于大多数波多黎各人是白人和黑人混血儿的后裔,如果古思曼自称是西班牙血统,那么到他这里"已经传了好几代了"。但是他之前的辩护中有所保留,直到最后才以最大的力度控诉了恐惧和偏见的影响。"因为一个人是神父并不意味着他神圣。他所拥有的保障和新教牧师一样。谁会相信没有人说服露丝·斯蒂芬森改变信仰?一个卫理公会派教徒的孩子不会突然改变宗教信仰,除非有人在她的思想里植入了改变的种子。"布莱克在结案陈词时大声说道。"如果世界的看法都取决于陪审团的裁决,那么我会写出这样的话,书面裁决不能被误解,伯明翰的家园不能受到伤害。如果这会带来耻辱,"他总结道,"上帝会加速这种耻辱。"陪审团宣判斯蒂文森无罪。虽然全国范围内以及亚拉巴马州内的评论家都谴责布莱克的策略,但是也有相当多的群众支持这一裁决以及赢得这一官司的人。

与此同时,布莱克的政治策略陷入了真正的困境。新宪法和法律规定的投票标准削弱了传统政治阵营的影响力。然而,由于布莱克仍然是政界的一个局外人,

三K党成员在伯明翰的集会©《伯明翰新闻报》(亚拉巴马州)

他在全州范围内的竞选活动中能否获胜取决于他能否获得多种群体的支持,而这些群体通常是互相对立的。劳工和商人都支持取缔罪犯租赁制度:一方面是因为这一制度导致了不公平的就业竞争,而另一方面是因为这一制度降低了生产效率。然而,布莱克作为"年轻的布尔什维克"的声誉使得他与企业界产生了隔阂。另一方面,旧进步主义的拥护者无疑会为他在"刘易斯诉罗伯茨案"中替赤贫者出头喝彩,鉴于政界对民族和种族的偏见愈演愈烈,这样的立场也存在风险。布莱克也依赖众多兄弟组织的支持,不过社会和文化的紧张局势也使得这些组织之间产生了分歧。一些类似于皮西厄斯骑士会这样的组织欢迎贝克这样的犹太人成为他们的成员或者领导,而其他类似于共济会这样的组织则乐意作为三K党成员的庇护所。

作为一名律师和政治家，布莱克试图从大众对名望模棱两可但强烈的执著入手，缓解这种紧张的局面。他有本事让陪审员和选民相信社会团结和个人权利是互相依赖的，因而总能赢得胜利。莫比尔禁酒令诉讼案和斯蒂文森的案件表明了他有多么地愿意去了解社会理想和恐惧。福音派新教教徒相信，独立和社会稳定取决于负责任的个人行为，而这种行为只有通过根除酒类产品才能实现，禁酒法令的实施证明了福音派新教教徒的影响力。因此，莫比尔案件证明，富有且有势力的特殊利益群体应该对社会标准负责。然而，布莱克为斯蒂文森辩护表明，要求地位具有模棱两可的特性。由于社会团结要求家庭是神圣不可侵犯的，因此科伊尔神父祝福露丝·斯蒂文森和古思曼的婚姻激发了陪审员心底最深处的情感。这场轰动的杀人案件的审讯之所以意义重大，或许是因为它发生于布莱克与无形帝国有紧密联系之前。他很可能知道，陪审团的成员，以及替斯蒂文森做有利证供的警察局长都是三K党成员。事实上，多年以后，曾出席那场著名的审讯的一位三K党的领导人打趣道："雨果不费吹灰之力就赢得了那场官司。"到了1920年代中期,在他准备全州政治竞选活动的过程中,他与三K党的关系越来越深。他与以前克莱郡学校的一个老师的儿子是朋友,而此时这位朋友是伯明翰三K党的一名官员;他所在教会的牧师以及他在主日学校教的一些学生也都是三K党的成员;各种亲如兄弟的同会好友也都穿上了三K党的白色制服;他的许多客户也都来自三K党普通成员所属的阶级。最后,他与三K党之间的关系已经与他捍卫禁酒令密不可分,因为很难分清"反沙龙同盟是在哪里结束的,以及三K党又是从哪里开始的"。

于是,1923年他加入了三K党。随着战后该组织的影响力越来越大,暗中针对无辜人的鞭打、纵火以及袭击事件层出不穷,尽管三K党公开否认存在这些暴力事件。种族和民族的紧张局势与非裔美国人、天主教徒和信奉新教的白人工人之间的就业竞争联系起来,而三K党的突飞猛进所激发的禁酒令改革运动反映了人们对个人权利和社会团结的矛盾情绪。大多数新成员,尤其是专业人士,对暴力并不感兴趣,他们渴望在面对1920年代的不确定性时能够获得安全保障。布莱克作为原告律师的生计取决于敏锐地掌握这些情感。如果没有社会精英和企业主的支持,没有与三 K 党的联系他绝不可能当选州级官员。因此,他虽然谴责暴力,但还是宣誓永远效忠无形帝国。

此外,虽然布莱克对个别的天主教徒没有偏见,但是他打从心底不信任这一教会。他十分反感天主教会拥有租赁财产却不纳税,其大部分收入来自穷人而返还的部分却不足。布莱克作为辩护律师所取得的成功也是依靠三 K 党。多年以后,在一次秘密的访谈中,布莱克解释道,"我尝试过许多与企业对立的案件、涉及陪审团的案件,我发现所有的企业律师都是三 K 党成员……许多陪审员也是,所以我最好和他们一样。"在斯蒂芬森的案件中,社会的恐惧和偏见与他自己的反感情绪、政治抱负和作为一名律师的生计趋于一致,促使他决定加入这个威胁他所保护的社会秩序的组织。

奥斯卡·安德伍德多舛的政治命运令布莱克坚定了竞选参议员的决心。1924 年,安德伍德获得了民主党的总统提名,但是成功与否取决于能否克服明显的国家政党分离问题。一方是种族、移民、工业和城市群体,代表人是天主教徒阿尔·史密斯;另一方是(美国南北战争后一贯支持民主党的)南方诸州,代表的是本地白人新教教徒、禁酒主义者、农业群体、三K党和种族隔离主义者。安德伍德看轻了自己控制南方诸州的能力,对于禁酒令采取了让步,不过更重要的是,他大力谴责无形帝国。毫无疑问,他的这一立场令他失去了提名权。参与民主党大会的一位亚拉巴马州代表遗憾地表示,"奥斯卡不可能成为煽动政治家,一点儿也不可能。"在共和党赢得总统竞选之后,安德伍德回到了亚拉巴马州,他意识到自己赢得1926年参议院竞选的机会十分渺茫。因此,1925年7月1日,这位"民主党无与伦比的领袖"宣布他不会竞选连任,之后便离开了亚拉巴马州,在美国首都附近过起了退休生活。

布莱克是想要接替安德伍德的人之一。然而,主要的候选人是前任州长托马斯·E.基尔比和来自亚拉巴马州最显赫的政治家族之一的小约翰·H.班克黑德。这两个人都是参与企业运作的百万富翁,不过基尔比在经商之前曾是一名进步主义分子,也是一个绝对坚定地反对天主教的人。班克黑德主要依靠的是其家族显赫的社会地位以及与亚拉巴马州政界建立的关系。然而,在安德伍德退休后不久,布莱克回到了克莱郡,开始筹划已久的正式竞选活动。大多数政治评论家都不看好布莱克。就连约瑟芬也认为他不可能获胜。布莱克此次竞选的情况与他参加伯明翰县检察官竞选时一样：本身是一个局外人，除了他自己和一些亲密的支持者之外几乎所有人都不看好他。

对手中的政治分歧对布莱克有利。虽然基尔比支持福音派新教，鼓吹禁酒，但是作为州长，他必须以强制手段抑制劳工动乱，从而离间了该群体的主要部分。班克黑德的社会地位使他很容易被人批评为富人和特权阶级的候选人。与此同时，他支持将亚拉巴马州其中一个最珍贵的经济资源马斯尔肖尔斯的经营权转交给私人开发商和亚拉巴马州的电力公司。此外，虽然基尔比和班克黑德都不是三K党的成员，但是他们都对三K党的目标表示赞同，班克黑德甚至称无形帝国是一个爱国主义组织。尽管如此，如果让三K党成员选择的话，他们更愿意将票投给他们认为的自己人。

布莱克利用了这些分歧。他继续进行全州范围内面对面的竞选活动。布莱克至少两次探访了亚拉巴马州的67个郡，在州崎岖不平的路上开坏了两辆汽车。他提高作为禁酒主义拥护者的声誉，在演讲中他大呼："人人附近都有一间小酒吧，就在他们的眼皮底下。"此外,他毫不犹豫地揭穿了陷入禁酒改革运动的天主教移民的恐惧。他提醒道,"熔炉理念不利于我们国家的传承。"他将对手的财富和社会地位优势,以及他们与企业大笔生意往来所带来的优势转变为劣势。布莱克认为,班克黑德是最厉害的对手,所以他着重强调了亚拉巴马州电力公司对马斯尔肖尔斯的兴趣。他也披露了自己的家族根源,借此呼吁乡村地区新的女性选民帮助他消除"只有富人和拥有权威的伟人的儿子能够为整个州服务"的思想。

他也巧妙地利用了他与三K党的关系。在安德伍德退休之后几天,他私人给已辞职的三K党伯明翰分部的秘书写了一封信。布莱克一直与三K党保持着秘密联系,如今他悄悄地断绝了这种联系。由于组织一贯公开宣称不参与政治活动,亚拉巴马州三K党的领导者不允许其追随者正式以三K党成员的身份参与选举活动。相反地,无形帝国在其信徒之间秘密地传递其政治倾向。布莱克获胜的希望取决于获得广大选民的支持,其中包括犹太人和天主教信徒。为了避免失去这类人的支持,如果被问到的话,布莱克必须真诚地否认与三K党的直接关系。因此,据说大龙头(美国三

K党州组织的头目)曾跟他说:"给我一份请辞信,我会好好保存,以防有一天你需要说你不是三K党成员。"由此,只要他铭记领导者的善意,布莱克就可以在获得三K党支持的同时公开否认自己的成员身份。然而,他也提供了一份不容置辩的书面证据,三K党可以以此来证明他曾经误入歧途。

由于阵营分裂,布莱克赢得了1926年的选举。他获得了大多数的选票,班克黑德居第二位,而基尔比位居最后。不过,他所获得的选票只占总选票数的32%。蒙哥马利的《广告者》解释称:大多数亚拉巴马州人并不"认为布莱克先生是最适合的人选,并不认为他能够超过伟大的安德伍德,他们将票投给了他的对手,只不过他们的投票太过于分散"。由于所有的候选人都渴望得到同一批民主选民的支持,其中包括三K党成员,因此布莱克("三K党中意的人选")成了"票数分散的受益者"。事实上,他所获得的84,877张选票的总数与1926年估算的亚拉巴马州三K党成员的人数十分接近。

因此,选举获胜之后不久,布莱克不容置疑地说出了真相,他对三K党的成员说:"我知道要是没有这个

第三章　偏见的风险(1919年—1929年)

组织成员的支持,我不会赢得选举,我的敌人'亚拉巴马州的新任参议员'更加不会支持我。我认识到,推选我的人都相信我一直提倡的原则,而这也正是这个组织的原则。"因此他力图"牢记",他的"代表的是必将控制美利坚合众国命运的真正的盎格鲁-撒克逊情感",他之后说:"我感谢你们。"于是,结束时,他运用了和在斯蒂文森案件中所做的结案陈词中呼吁基本大众的价值观时一样的感叹句。布莱克以"爱"、"忠诚"、"信任"感谢了他穿白色长袍的兄弟们,并且"祈祷这一伟大的组织将永远神圣不可侵犯,忠实于美国成年男性和女性的真正原则,尊重种族的起源,热爱盎格鲁-撒克逊精神的骄傲,我热爱它,忠于《宪法》中所写的与生俱来的自由原则"。记录这一演讲的三K党的速记员批注道,"掌声热烈。"在公众场合,布莱克会代表反酒精运动运用其言辞技巧,而在私底下,他会将这些技巧用来教化无形帝国。

三K党成员在布莱克的胜利中所起到的作用至关重要,保证了选票审查顺利进行。他之后坚称加入三K党与"政治"无关,无疑是十分虚伪的言论。这一说法本身也表明1920年代早期三K党对亚拉巴马州选举的影响有些模糊不清。事实上,值得注意的是,布莱克之所以能够在1926年那场竞争激烈的选举中获胜,是因为他获得了许多独立派,其中包括天主教徒和犹太人,以及他们的强硬对手三K党的投票支持。这之所以值得注意,不仅仅是因为它突显出亚拉巴马州的三K党不同于其在印第安纳州这类北部地区的分部,仍然暗中参与政治活动,也是因为除非布莱克寻求对立派系成员的支持,否则根本没有机会赢得选举。在这场极具争议的选举中,仅依靠种族主义者散布的谣言是不够的。要获得不同群体的选票,就要让人觉得值得依赖,换句话说就是需要信任。在这方面,布莱克有优势,因为他的公众声誉主要是依靠担任辩护律师代表贫困大众和中产阶级的人所取得的非凡成就建立的。布莱克曾代表亚拉巴马州的白人、非裔美国人、天主教徒、犹太人、浸信会教徒、工会和非工会的工人以及小型企业对抗大型企业和富人赢得过许多官司。因此,布莱克之后承认他加入三K党的决定是受到了现实的驱使,听起来是真的。那时,三K党强有力地影响着陪审团,而布莱克客户的福祉(以及他在律师业取得成功)取决于陪审团的判决。

亚拉巴马州的三K党也利用了南方群众对北方企业以及当地保守派精英普遍的反抗情绪。南方群众知道,1920年代的三K党不仅仅是内战后重生的打击激进的共和党重建计划的恐怖主义组织。这一新的三K党公开地,并非私下地,宣称拒绝暴力,通过推动禁酒改革运动以及所有旨在保护中产阶级白人家庭的、反对"外来他人"的价值观来获得声望。这些"他人"中包括天主教徒、犹太人和非裔美国人以及北方的铁路和代表伯明翰的钢铁和矿业公司。控制这些大型企业的是"大骡子帮",他们是亚拉巴马州最具势力的保守派工业家和种植园主。因此,三K党将自己的目标锁定在了与内战之前主宰奴隶经济的、富有的工业和种植业家族对抗的中产阶级和贫困的白人身上。这些保守派经常利用容易受骗的非裔美国人,运用种族主义来分散白人劳工的积极性。在恭顺的南方社会中,由于保守派通常是美国新教圣公会教徒,或者特别是墨西哥湾沿岸地区的天主教徒,反对者只能间接以原告人律师的身份在州法庭上打击保守派,或者通过平民主义式的运动,宣扬禁酒令这类家族价值观。因此,1926年布莱克依靠其辩护律师的声誉,针对同样强劲的对手进行了平民主义式的竞选活动。

布莱克晚年曾私下承认,"三K党实际上已经作为一种打击企业的力量重生了。"在更加宽广的社会阶级的环境下,同情穷人和中产阶级的白人,反对保守的精英,布莱克的言论准确地反映了1920年代中期亚拉巴马州的政治局面。此外,1923年布莱克秘密加入三K党之后不久,报纸报道他接受了"废除罪犯租赁制度全州运动委员会"的主席之职。亚拉巴马州是最后一个保留向私人企业出租罪犯(其中大多数人是非裔美国人)这种残酷制度的州。租赁的费用能够令州政府官员停止为了监狱或者警察这类公共服务的费用而进行征税。人们普遍认为这种制度残酷,而且会带来致命的后果。事实上,1920年代早期,200多名犯下轻罪的贫困黑人罪犯死于非命。这一制度之所以仍然存在,是因为它能令大型企业获得廉价的劳动力,而拥有这些大型企业的富有的保守派人士是许多当选官员的经济支柱。矿工联合会和主张禁酒的女性团体(她们谴责保守派允许黑人饮用酒精饮料)对罪犯租赁制度进行了抨击。作为委员会的主席,布莱克代表非裔美国人罪犯在法庭上痛斥了这一邪恶的制度。即便如此,要赢得1926年的选举,他不仅需要矿工联合会和女性团体的公开支持,同时也需要三K党的秘密协助。

因此,布莱克在这些复杂的政治活动中游刃有余。虽然布莱克后来一直掩饰其三K党成员的身份,但是值得强调的是,他明显赢得了种族主义者、反对少数种族的无形帝国以及对利用非裔美国人的罪犯租赁制度进行抨击的白人进步主义改革群体的支持。即便如此,布莱克政治上的成功归结于他在选举中的感染力切断了相互矛盾的价值观和利益之间的阻隔,将目标瞄准了亚拉巴马州大多数中产阶级和贫困白人选民最讨厌的由州内富有的保守派精英控制的北方企业。当然,绝大多数亚拉巴马州的白人选民仍然坚定地信奉白人种族至上主义。这些选民同样相信,禁酒令可以保护健康的信奉新教的家庭免于他们所认为的"外来"宗教和少数种族的不良影响。新三K党通过明确有力地表达这些相同的价值观来建立自己的声望,虽然他们公开表示拒绝使用暴力,但是他们暗地里仍在使用。然而,与此同时,支持禁酒令的女性团体与有组织的劳工结盟,不允许白人至上主义妨碍他们抨击残忍地利用非裔美国人的罪犯租赁制度。布莱克作为辩护律师的信誉因他为弱势群体进行辩护,对抗"大骡子帮"而家喻户晓,这使得他能够赢得三K党的秘密支持以及改革运动者的支持,尽管这两者之间存在利益冲突。

布莱克轻易地赢得了秋季的普选,于是,他与约瑟芬以及他们的两个儿子一起搬到了华盛顿。新国会直到1927年的春天才成立,而立法会议实际开始于1927年底。布莱克利用这段时间扩大自己的阅读量。抵达华盛顿之后不久,他偶然在《美国杂志》上看到了威尔·杜兰特写的一篇名为《100本好书》的文章。于是,布莱克开始按照杜兰特列出的书单进行阅读,逐渐建立了一个庞大的包含希腊、罗马、欧洲以及美国历史书籍的私人图书馆。有系统地做标记和索引的读书方式使他能够不费吹灰之力地找到他所看过的页面,重温他发现的见解。此外,他经常会在书上划下划线并且在空白的地方写注解。他花了几年的时间研究杰斐逊和吉本。此时,他的兴趣已经扩展到亚当·斯密、亚历山大·汉密尔顿、约翰·亚当斯、约翰·洛克、J.S.密尔、卡尔·马克思、亚里士多德、圣托马斯·阿奎那、圣奥古斯丁、修昔底德、希罗多德、柏拉图、普鲁塔克、塞内加、西塞罗、维吉尔、莎士比亚以及米尔顿。虽然他所选择的新读物包罗万象,但是从他在每一页上所做的标记可以看出他看书有多么地认真。这些注解也表明阅读令他更加确信他在多年的政治和成功的辩护律师生涯中得出的假说,即纵观历史,人类的本性不会改变。

到布莱克和参议院开始议事时,亚拉巴马州的政局又发生了变化。三K党的恐怖主义退化为私人仇杀,危及正派公民对三K党的支持。不久之后,该组织在亚拉巴马州的会员减少了将近90%。结果,州内一些在三K党的支持下赢得选举的政治家公开辞职,引发了对法律和秩序的新一轮关注。虽然这些纷争导致州内传统的民主党派领导力量复兴,但是阿尔·史密斯获得1928年总统提名候选资格引发了更深一层的矛盾。亚拉巴马州的企业主既不想支持反对禁酒令的天主教候选人,也不想承担当地共和党复兴的风险。因此,亚拉巴马州的企业别无选择,只能借由呼吁白人至上主义来支持史密斯。忠诚的民主党人大呼,"亚拉巴马州命中注定就是白人的净土,而民主党是维护这片白人净土的工具。"黑人代表帮助提名了胡佛,但是"没有黑人提名阿尔·史密斯"。共和党人用其种族主义的视角进行反驳,谴责史密斯是"拍黑人马屁的马屁精"。自重建以来,共和党人首次凭借这样的口号在五个南部州内赢得了总统候选人资格。但是其中不包括亚拉巴马州。州内黑土带的人认为白人至上主义略微高于反天主教主义和禁酒令,从而支持史密斯领导国家。

在这场斗争中,布莱克改变了立场。亚拉巴马州的资深参议员汤姆·赫夫林坚定地说:"那么帮帮我吧,上帝,要是民主党将我开除并赶我离开参议院委员会,我就投艾尔·史密斯的反对票!"然而,尽管报纸发表了"为什么在这次运动中我们没有听到雨果·布莱克的评论?"这类询问,但是布莱克尽可能保留自己的意见。最终,布莱克回应道,除了史密斯保护移民之外,他的立场也为"进步主义民主党吹响了号角"。于是,这位新任参议员告诫不要出现"反对禁酒和赞成禁酒的人混乱分裂的局面,掩盖杰斐逊的进步主义派别问题,丧失反对汉密尔顿派的反应和特权的平等机会"。关于三K党,他只字未提。两年前因三K党和禁酒主义者的支持而赢得选举的布莱克此时已与反对这些力量的机构站成一线。

布莱克支持史密斯反映出他已感觉到参议院内部的政治压力。到了1928年,参议院内这两个政党的划分便不那么明确了;几个特立独行的共和党人,包括内布拉斯加州的乔治·诺里斯、加利福尼亚州的海勒姆·约翰逊以及爱达荷州的威廉·E.博拉常常会投票支持民主党。在每一张选票都进行清点的情况下,如果布莱克仍然效忠参议院的民主党派的话,他的影响力会越来越大。于是,他与赫夫林分道扬镳。民主党的同僚提出,人们都认为他是因为三K党的支持才能赢得1926年的竞选,这使得人们质疑他对总统竞选的忠诚度,他立即反驳道:"这绝对不是事实。我只是获得了所有我能得到的三K党成员的选票"和"所有我能得到的天主教徒的选票、所有我能得到的犹太人的选票以及所有我能得到的浸信会成员以及其他人的选票,而且我并没有刻意安排这些,我在这里代表的就是他们"。在种族和民族问题上,布莱克的观点和赫夫林一致,都认同移民限制、支持禁酒令以及反对联邦资助霍华德大学。然而,在一些其他的政策问题上,他认同民主党人以及一些独立的共和党人的想法,大力支持他所谓的进步主义民主党。

政党忠诚在参议院中的影响力越来越大,地位也越来越高。尽管布莱克仍处于新人的地位,但是为在马斯尔肖尔斯建立的电力项目所做的斗争中,他已经成了诺里斯最有声望的同盟者之一。参议院的领袖们推选布莱克对"能源信托"和"航运信托"进行公开调查。被委任到有威望的对外关系委员会之后,为了《非战公约》和平协定,同时也为了菲律宾独立,他投票支持撤回驻尼加拉瓜的海军陆战队。布莱克也为了立法机构对"受强大利益集团和意图获得特权、公开抢掠和公开侵占的联合机构雇佣的"游说者进行公开登记的要求而战。当这样的一个游说者暗示提案的支持者是共产主义者时,布莱克对《纽约时报》的记者(被他遗忘的前三K党会员)说道:"戴着面具工作的人和集团都不值得同情和支持。他们是真实政府的敌人,他们不会害怕公众的智慧。"

到了 1929 年秋天,布莱克已经成了胡佛政府的批评家。他越来越大的影响力反映出他敏锐判断参议院内部权力动态的能力以及适应亚拉巴马州不断变化的政治现实的能力。他以党派忠诚的名义离开了三K党,同时放弃了禁酒令,投向了他以前一直反对的政治机构。然而,在这些转变之下的是不断为了社会利益和个人权利的平衡所进行的奋斗。为平衡这些价值观所付出的努力致使他越来越不认同胡佛的政策;在10月24日"黑色星期四"股市崩盘之后,这一矛盾变得更加难以控制。

第四章

经济大萧条和新政自由主义
(1929年—1937年)

当布莱克面对经济大萧条时,他朝气蓬勃,看不出来已经四十多岁了。有效地处理了参议院的政务,然后回家,这反映出在调整长久以来的信念以适应动乱的环境时所形成的成熟。他将从自学和生活经历中获得的深刻见解和一连串观点相融合,其中包括杰斐逊的民主政治、人性的不变以及对社会地位与个人和社会福利互相依赖的永久信念。大萧条使得布莱克再次确定这些价值观是最根本的真理,而且非常有必要重塑这些价值观以应对这场史无前例的国家危机。

虽然全国各地经济崩溃的程度不一,但是布莱克同意社会学家罗伯特和海伦·梅里尔·林德的观点,所有美国人面临的是一场经济和精神的双重危机。他们写道,"这场大灾难既威胁到人类的价值观",也威胁到"他们的生存"。"大萧条的大刀一视同仁地劈向了所有人,劈裂了富人的生活和希望,也劈裂了穷人的生活和希望。这一经历比近代任何经久不衰的情感经历更加普遍",已经接近"生和死这一必经之路所带来的震撼"。

胡佛希望以联邦信贷承保大型企业和大型农场主,以此刺激价格和利润上涨,从而提高就业率。他将希望寄托在联邦政府和工农业生产者的自主合作上,但是根本的竞争压力确定了他的希望终将破灭。胡佛拒绝通过联邦资助公共工程支持工会劳工或者提供就业来提高工人的购买力和市场需求。他坚决反对任何联邦福利援助,而州内提供的这类援助不足最终摧毁了人们的士气,导致个人之间以及家族之间关系紧张。此外,由于面临着新的种族歧视,非裔美国人重新要求联邦取缔私刑立法,但仍徒劳无功。

伯明翰的情况使布莱克了解到大萧条对人类的物质生活和心理健康的危害程度。随着股市崩盘,伯明翰108,000名雇佣劳动者中有25,000人失业,而且许多未失业的人的工作时间缩短了。在"黑色星期四"之前，城市社区福利基金会在冬天为800个家庭提供食物。随着大萧条的冲击越来越严重，社区福利基金不得不想办法全年援助9,000个家庭。人们渴望工作。当市政府宣布招募人员打扫公园并支付每天2美元的报酬时，有12,712人应征。肥料的销售额下降了72%，同时汽车的购买量下降了85%。共产党希望利用社会稳定以及社会稳定所依赖的价值观破裂这一契机，因此1930年伯明翰的共产党变得十分活跃。

布莱克从密集的自学中形成了自己的想法和理解。所有亚拉巴马州的参议员的演讲和辩论所论及的观点和语言都参考了他所阅读过的经典著作和历史文献。这一点令他的同事印象深刻，他们常常称呼他为"学者参议员"。复述这些观点不仅仅是为了复兴修辞学，也是在试图加强特定论据的权威性。他认同他最喜欢的其中一个古代学者修昔底德的观点，即同一环境中每个人的举止是相似的，除非他们从历史中了解到一个特殊的举动会带来灾难。他也同意波利比乌斯的看法，即要是没有宪法的审查，管理者必然会滥用他们的权力，从而导致大众轻视法律，进而会终结民主。最终，他认为早年托马斯·杰斐逊和亚历山大·汉密尔顿之间的斗争代表的是相反的价值观和政策,这类似于共和党和民主党处理经济大萧条时相互矛盾的方法。

在这些推论的指引下,布莱克对胡佛的政策进行了抨击。当总统提出,联邦农业局通过控制信贷来限制农业生产,以便提高价格时,布莱克表示反对。他告诉参议院,"杰斐逊先生在他的一封信中说过,当他能够在华盛顿指挥何时播种、何时收获、种植多少以及获多少的日子来临时,农民独立自主的日子也就结束了。"此外,布莱克指责胡佛盲目地反对联邦提供资金救济失业人口,却默许联邦通过复兴金融企业计划对大型企业施以援手。

布莱克也抨击了高度的贸易保护主义者斯穆特·霍利·塔里夫。他试图修订针对外来移民的五年禁令法案,但并没有成功。虽然据称这是为了保护美国本地的劳工,但是批评家认为,布莱克的计划反映的更多的是种族主义者反移民的主张而非工人的渴望。然而,与此同时,布莱克为保护思想的自由传播做出了努力。他引证杰斐逊的思想来辩护,由此赢得了一个修正案的修订,该修正案授予海关检察员禁止某些书籍在美国销售的权力。

布莱克也投票反对胡佛在最高法院的提名。1930年,在威廉·霍华德·塔夫脱逝世之后,他反对查尔斯·埃文斯·休斯接替首席法官的职位,不过没有成功。然而,此后不久,当参议院拒绝任命约翰·J.帕克为助理法官时,他所在的阵营取得了胜利。

布莱克认为政府应该对大企业和大公司进行有力的管制,而他将经济崩溃归咎于此。因此,布莱克反对胡佛提名两位前企业律师进入州际商务委员会,因为他可以肯定,他们会支持企业,而非公共利益。尽管如此,当威斯康星州进步主义共和党人小罗伯特·M.拉·福利特和科罗拉多州的民主党人爱德华·P.科斯蒂根提议建立联邦危机救济委员会时,布莱克又和胡佛一起反对创建国家行政机构来授权其分拨375,000,000美元给无依无靠的美国人。布莱克反对依赖中央集权的联邦当局。他对参议院说:"这有多少是符合杰斐逊的原则的,不是根据华盛顿当局制定的规则在亚拉巴马州和科罗拉多州分配这笔钱,而是让他们直接拥有这笔钱,然后信任州政府,信任分配这笔钱的人。"布莱克提出了一个替代的由州政府执行的救济措施。《国家报》迅速发表文章指责布莱克做出这一转变的基本动机:"亚拉巴马州的布莱克歇斯底里地否定了既造福于黑人又造福于白人的联邦救济计划的前景。"然而,共和党行政机构和南部民主党联合击溃了布莱克的提议和最初的拉·福利特—科斯蒂根提案。

相比之下,布莱克满腔热情地支持联邦发展马斯尔肖尔斯。诺里斯奋力争取联邦控制田纳西河流域的电能和硝酸生产。参加1928年总统竞选的胡佛指出,他会支持这一提议,于是诺里斯重新推介了他的立法提案,并且获得了批准。但是,胡佛以经济为理由否决了这一提案。布莱克认为总统表里不一,并对这种行为进行了谴责。布莱克指责胡佛出卖了"信任的力量",参议院认为在失业的美国人遭受痛苦的时候,这种"信任"会创造巨大的利益。

电力企业的胜利使得布莱克更加确信,非个人的公司和官僚结构利用了经济混乱。布莱克以效率的名义告诉参议院,胡佛的行政政策是在鼓励垄断,剥削社会地位所依赖的个人的独立性。然而,物质依赖的幽灵并非唯一的魔鬼。随着一个"由一些企业主、许多公务员和奴隶组成的"国家出现,民主本身就处于危险之中，因为这个社会失去了个人作为独立的思考者和执行者对地方事务做出的贡献。所谓的有效的企业团结使得垄断成了如今的秩序，越来越多的权力集中到了少数人的手中。

布莱克在进行这些斗争的时候，心里从未忘记过亚拉巴马州。他要求国会通过私人条例草案，援助个别参选人。参议院休会期间，布莱克、约瑟芬以及他们的两个儿子又回到了伯明翰。布莱克密切关注亚拉巴马州的政治局势，依靠家人朋友获得准确的局势信息。1930年，布莱克在1928年总统竞选期间加入的组织的拥护者拒绝允许任何当时离开该政党的人成为民主党的候选人。结果，亚拉巴马州的资深参议员汤姆·赫夫林没能得到民主党的提名资格，于是参加了普选，他的对手是党派的提名候选人小约翰·H.班克黑德，最终，班克黑德大获全胜，赢得了67个郡中57个郡的支持。这一次胜利证明，亚拉巴马州再一次完全处于民主党机构的控制之下。虽然布莱克刚开始的时候有点犹豫，但是他以政党忠诚的名义最终选择支持1926年败于他手的班克黑德。布莱克劝诫亚拉巴马州人保卫杰斐逊、威尔逊和罗伯特·E.李所在的政党对抗汉密尔顿、格兰特和胡佛所在的政党。他大呼,"我们不能、不会、也不得摧毁为亚拉巴马州的白人带来和平、幸福和安全之光的政党。"

由于班克黑德赢得了选举,布莱克成了他所在州的高级参议员。他与自己曾经反对的政治力量结盟。赫夫林指责投票作假,使得参议院对选举进行了调查。尽管如此,经调查证实投给班克黑德的选票占大多数。争议期间布莱克对于政党忠诚的立场赢得了班克黑德的兄弟威尔的赞赏。他在写给民主党中坚分子的信中写道,"我希望我们所有的朋友都能支持参议员布莱克。"这一支持十分重要,因为亚拉巴马州的民主党又改变了初级选举的规则,如果排名第一的候选人不是以明显的优势获胜,则必须进行决胜选举。由于三K党和禁酒主义者仍然四分五裂,因此这条新规定对那些获得民主党机构支持的人十分有利。

打算参加1932年再选的布莱克无疑十分关注这些现实情况。为了获得大众支持,他对胡佛进行了抨击并且明知无济于事也要反对复兴金融企业计划的提议。尽管不成功,但他仍积极维护小型农场主和佃农的利益,反对胡佛通过联邦农业委员会资助大土地所有者的政策。由于对禁酒令越来越不满，布莱克支持诺里斯修订《第十八修正案》的主张。他也和诺里斯结盟，不断努力确定联邦对马斯尔肖尔斯的所有权。此外，亚拉巴马州的白人害怕黑人会获得平等的权益，这很可能对他们投票支持参议院反对拉·福利特—科斯蒂根救济法案产生影响。

事实上，在 1932 年选举之前，种族的紧张局势已经越来越恶劣。多年来，斯科茨伯勒案件一直令亚拉巴马州、南方以及整个国家处于不安的状态。这是一起发生在亚拉巴马州北部货运列车上的案件，依其申述，八名年轻的非裔美国人被判强奸罪罪名成立，并处以死刑，其中一名 13 岁的年轻人被判处终身监禁。证明罪名成立的证据漏洞百出以及匆忙结案都表明这起案件的审讯不符合基本的法定诉讼程序。司法审判和上诉最终持续了 20 年。"全国有色人种协进会"雇佣了伯明翰的白人律师担任这八名年轻人的代理律师，同时努力尝试与共产党的法律支柱国际劳工保护组织合作。然而，合作破裂，国际劳工保护组织单独进行了辩护。1931 年和 1932 年期间，亚拉巴马州的种族矛盾和共产党的参与相结合引发了一场暴力冲突，在这次冲突中白人和黑人均有伤亡。一个公民写给州长的信中反映了白人的观点：只要斯科茨伯勒案件中的"黑人强奸犯"还活着，"赤色分子"就会以他们为由"煽动有色人种发动暴乱、抢劫、强奸，甚至是杀人"。布莱克的好朋友兼前律师事务所合伙人威廉·E. 福特是全国有色人种协进会雇佣的律师之一。虽然布莱克可以通过媒体以及他们之前的合作伙伴了解到这些信息，但是他对这一事件的态度十分冷淡，而是将精力投放在经济事务上。

1932年既有亚拉巴马州的资深参议员的选举，也有美国总统的选举。在州选举中，布莱克面对的是老对手——前任州长托马斯·E. 基尔比，多年前他就开始散发"大护照"的影印本，借此为他参加竞选造势，布莱克就曾从三K党那里收到过。根据新的竞选规则，竞选最终进入了决胜局。布莱克无所畏惧地利用无线电广播表明他将为经济福利和人们的社会地位而奋斗，在民主党机构和劳工的共同支持下，布莱克获得了67个郡中52个郡的支持，最终在竞选决胜中获胜。布莱克相信自己会在州普选中获胜，因此同时他也为支持罗斯福在全国各地开展竞选活动。他写给富兰克林·D.罗斯福的信中写道,"从现在起直到最后一张选票点算清楚,我都将任凭您差遣。"罗斯福的答复是"保持联系"。虽然是政党忠诚和对改革的渴望促使布莱克支持罗斯福,但是他们两人的私人情谊越来越深厚,布莱克经常称呼罗斯福为"了不起的家伙"。这两人都轻松地赢得了那年秋天的选举,而美国人则憧憬着新政。

罗斯福以及像布莱克这样忠诚的追随者都不清楚新政意味着什么。绝大多数美国人应该都会同意联邦对经济和社会福利享有较大的控制权,这一点儿也不奇怪。尽管如此,1933年到1935年期间,新政拥护者之间存在极大的意见分歧。布莱克和哈佛大学的法学教授费利克斯·法兰克福特都认为迫切需要制定严格的法律法规来约束大型企业并且严格执行反垄断法。他们支持通过州际商务委员会这样的机构进行管理,但是对于以集中规划为名扩大联邦的控制权持怀疑态度。另一集团的人认为有必要由官方的专家进行规划,他们有能力理解和补救社会与经济问题。胡佛完全能够更好地扩大政府中央集权管理的规模直到这一规模与大企业的规模一致。胡佛自主合作的失败证明,联邦政府应该拥有足够的强制权力来保护和激励稳定的企业发展和社会福利。规划者和反垄断调查机构都不希望大政府破坏资本主义,而是希望政府能够拯救资本主义。

这些紧张不安促使罗斯福制定了最初的新政计划。1933年至1935年,布莱克和他在民主党控制的国会中的同事通过了许多法律,史无前例地将和平时期的权力委托给总统和一个扩大的联邦政治机构。联邦紧急救济总署和其他联邦机构通过州政府将数以万计的救济金分发到地方社会,为个人和家庭提供食物、衣物和住所。联邦资助的公共工程也为成千上万的美国人提供了就业岗位。农业调整署主要负责管理国家的农业,而银行业和信贷则由更加严格的联邦法规进行规范。同时,新政废除了禁酒令,并且通过田纳西流域管理局参与电力的生产和配送。

这些措施反映了规划者和反垄断调查机构的和解。在各种情况下,布莱克都支持和解。这类截然不同的影响导致新政有些模棱两可。联邦救济和公共工程计划维护了个人的自尊和社会的福利。从精神的角度来看,这些措施令人们收获了希望、自立和自信。然而，农业调整署却不同。由于主要关注大型农业单位所产生的经济效益，农业调整署的官员和专家将其注意力集中投放到了大型种植园主的身上。结果，密西西比州、阿肯色州和得克萨斯州的地主分别获得了250万美元、210万美元和120万美元，而路易斯安那州和亚拉巴马州的那些地主只分别得到了41.3万美元和13万美元。此外，农业调整署不成比例地将700万美元分配给了大地主和大型企业，而不是小型农场主和佃农。虽然布莱克反对胡佛的联邦农业计划，但是他愿意接纳民主党实施的联邦干预。

新政并没有令非裔美国人的生活得到改善。虽然有些人在许多新政的项目中占据着低层和中层的位置，但是他们仍无法逃离种族隔离法规的压迫；而且农业调整署忽视黑人佃农和小型农场主，更有甚者，强迫他们放弃土地。田纳西流域管理局的记录也十分混乱，布莱克参议员对这些也非常了解。初步建设期间被排除在就业人口之外的非裔美国人最终都是在严格隔离的基础上被雇佣的。

然而，救济和公共工程计划多少还是为黑人带来了一些利益。建立联邦紧急救济总署的立法机构直截了当地禁止种族歧视。虽然南方的代表削弱了这一提案的执行力度,但是这些救济措施帮助黑人在最糟糕的大萧条岁月里生存了下来。此外,由芝加哥全国有色人种协进会前主席哈罗德·伊克斯领导的公共工程管理局与种族歧视作斗争的力度比其他机构大得多。尽管频频受到南方人的抨击,伊克斯仍忠实地贯彻"国会打算在没有歧视的环境中实施这一计划"的政策。对参议员布莱克而言,他支持白人和黑人在新政救济政策面前享有平等的权利,不过他不反对在行政机构中实施种族隔离。此外,他意识到如果全国统一工资的话,比起黑人,雇佣者会更愿意雇佣白人,于是支持降低黑人的工资比率,以确保他们获得公共就业岗位的机会。

在与远洋托运人和航空公司发生争议时,布莱克发现了扩大联邦权力既有利益也有风险。1932年民主党取得胜利之后,他成了特别小组委员会的主席,该委员会专门负责调查联邦政府和这两个运输行业代表之间的邮件合同。在罗斯福的鼓励之下,布莱克将委员会的能力发挥到了极致。有一次,他派遣武装部队,这群人手执银杖,身穿黑色长外套、暗条纹的裤子,头戴宽边牛仔帽,他们的标志是红色康乃馨,执行逮捕一位一直躲避露面的前共和党官员。还有一次,调查员在凌晨一点叫醒了一名来自新泽西的男子,然后急匆匆地将他带到华盛顿作证。此外,该委员会将其权力极大地扩大到发传票和要求提交证据,这导致出现了违反《第四修正案》的法庭案件。委员会也会对不合作的证人进行审讯、判罪以及判处为期十天的监禁。虽然法院支持这种行为,但是评论家指责他们是"极端的法西斯主义、希特勒主义和苏维埃主义"。布莱克的调查揭露出海运和航空运输官员存在着大量失职行为。结果,国会成立了联邦航空委员会来管理整个航空业,并且加强了联邦机构对海运的控制。

在管理工业和劳工关系的新政政策方面,布莱克一马当先。1933年3月罗斯福一就任,布莱克便提出禁止在州之间销售或者配送由日工作时间超过6小时或者周工作时间超过30小时的工人生产的制造业产品和矿产品,这样做的目的旨在通过分摊工作提高就业率。不同于支持通过中央规划刺激工业生产的新政拥护者,布莱克希望在避免扩大政府的同时增加需求,不过就实际操作而言,这一提议与这一时期许多其他的建议一样是不切实际的补救措施。

虽然参议院通过了《周工作30小时法案》,但是在白宫的罗斯福却将该法案搁置了。布莱克给伯明翰一位选民的信中写道,"我的30小时法案被搁置了",因为"总统下达指示,他打算发布消息征求某种代替的方案"。1933年5月,罗斯福提出了《国家工业复兴法》。尽管提案讨论期间布莱克等人提出了反对,但是国会仍颁布了这一法案,成立了国家复兴局,授予其权利监督规范的制定,以便管理制造业和矿业的价格、劳工和生产,从而从根本上推迟反垄断法的实施,以便培养企业、扩大生产、提高物价和盈利能力。尽管效忠罗斯福的布莱克明显持保留态度,但是他最终还是投票赞成通过《国家工业复兴法》。

与此同时,他从没失去对重点关注就业和需求而非中央规划和官僚主义控制的政策的信心。布莱克绝对相信增强民主能够革除社会弊病。政府通过法规和反垄断法控制强大的利益集团,就是在激励民主。然而,如果政府用未经选举的规划者和专业人士的意愿替代人民及其代表的意愿,那么政府就成了民主的威胁。《周工作30小时法案》是对工业的限制,而不是依赖中央集权的行政机构。保留对工业关系的普遍控制权会有助于激励名望以及个人和社会福利之间的互相依赖性。布莱克希望通过提高就业率，支持社会中的工人，同时培养他们的自治能力。

然而，直到1935年，布莱克才变得不那么忧心忡忡，因为罗斯福的新政深陷困境。同年年初，最高法院一致以违反宪法为由驳回了《国家工业复兴法》。在"谢克特家禽公司诉合众国"一案中，法院认为国会史无前例地将和平时期的权力交给了总统，由总统管理工业关系，这构成了"肆意授权"。布莱克再次提出了《周工作30小时法案》，但是又一次被驳回。此外，最高法院在一年内宣布许多新政的立法机构，其中包括农业调整署都是违反宪法成立的。当布莱克之前的法庭对手和长期以来的政治支持者——联邦法官格拉布判定田纳西流域管理局将电力出售给亚拉巴马州能源企业属于违法行为时，司法部的行动已经接近本质了。最高法院最终决定支持田纳西流域管理局，这一小小的调解给其他的新政政策带来了曙光。

被最高法院驳回不是罗斯福的政策受到的唯一打击。极右和极左派的法西斯主义运动和共产党都是加强独裁主义和激进主义最高调的鼓吹者。相比之下,1928年民主党的总统候选人阿尔·史密斯和与共和党结盟的前民主党国家委员会主席约翰·J.拉斯科布指责新政太过极端。而持不同政见者弗朗西斯·E.汤森博士、查尔斯·E.库格林神父和路易斯安那州的参议员休伊·P.朗是最受欢迎的对手,他们最初支持罗斯福。汤森因其提案格外受关注,他提议在年满60岁及60岁以上的受雇佣的美国人退休后,由联邦政府给他们提供退休金,从而为失业人口开放工作岗位。然而,没有人比朗更受关注,他大力推行"分享财富计划",根据该计划,联邦政府对富人征税,用此收益来保障每一个美国家庭拥有最低限度的宅地以及2,500美元的年收入。此外,忠诚的新政拥护者,例如来自纽约的参议员罗伯特·F.瓦格纳要求成立一个国家机构来保障工会劳工的权利,并且扩大联邦的权力,使其能够对私刑行为进行处罚。此外,许多新政拥护者要求联邦加大对农业的援助力度。

随着1936年大选临近,罗斯福巧妙地调动起了民主党人和国内的公众舆论。在布莱克和其他拥护者的帮助下,罗斯福政府提出了最终成为《社会保障法》的法规,向年迈的工人提供月收入。虽然这一措施将国内劳工和农业劳工(其中包括许多黑人)排除在外,但是它的确建立了联邦的失业保障,为依赖丈夫生活的母亲和无劳动能力的孩子以及盲人和残疾人提供了帮助。国会通过了罗斯福政府扩充的《农业调整法》。尽管罗斯福个人不认同,但是他还是签字同意颁布《瓦格纳法案》,成立保护工会权利的全国劳资关系委员会。同时,罗斯福的《公用事业控股公司法案》以及其他对企业组织和合并实施新的联邦限制的法律也获得了通过。对企业和国家最富有的公民课以重税的"敲富人竹杠"的税收政策也成了法律。国会也通过了扩充的公共工程计划,而且联邦资助农业和提供城市抵押援助,这些计划运用了联邦政府和州政府互相合作的原则,赢得了布莱克这类新杰斐逊主义者的支持。

布莱克的支持对于罗斯福的竞选活动十分重要。布莱克对朗和汤森"极度荒谬的提案"和"不可能实行的计划"进行了抨击,在类似于纽约市美国人社会安全协会这样的集团面前维护了罗斯福政府的《社会保障法》。他为黑人争取到了和白人一样的社会保障利益。他顽强地为《周工作30小时法案》所开展的活动也为重新讨论《公平劳动标准法》打下了基础,确立了最低工资和最长工时,而且取消了童工。当国会以投票形式决定是否按照当地私营部门普遍的比率支付参与公共工程项目的雇员的工资时,他也是得票最多的那一方。布莱克有力地维护了复兴的《农业调整法》以及按较高税率对企业利润征税的政策。

布莱克一直热诚地维护劳工的权益,积极支持《瓦格纳法案》的实施。自1933年起,伯明翰的矿工联合会一直竭力扭转1908年和1920年的失败。尽管如此,种族关系紧张引发了以美国劳工联合会为代表的白人熟练技工和大群黑人工业劳工之间的冲突。当钢铁工人组织委员会设法创立了一种双人种的联盟结构时,一名白人钢铁工人大呼:"我不会加入你们那种该死的黑鬼组织。"尽管如此,联邦根据《国家工业复兴法》进行干预,促进了真正的种族之间的合作。正如一位工会领导人所说,他"不会设法提拔黑人,但是经验告诉我们,如果黑人没有加入白人工人这边组织的工会,他们会被罢工的破坏者所利用,从而抹杀掉工会运动"。布莱克发现由全国劳资关系委员会对劳资管理关系进行控制能为各个种族的工人带来巨大利益。

布莱克因其在《公用事业控股公司法案》通过中所起的作用而享誉国内。在国会争论要求某些大型企业破产或者对其判处"死刑"这一极具争议的提案时,许多民主党人和共和党人批评该提案太过极端。参议员和国会议员开始收到数量空前的谴责这一举措的电报和信件,据称这些信件都来自选民。罗斯福敦促负责草拟控制游说者法案的委员会主席——布莱克进行调查。布莱克和印第安纳州的参议员舍曼·明顿采取了航空和海运调查期间所使用的极具争议的策略;新闻报纸谴责这些是"纳粹的方法"。美国民权同盟警告称,该委员会正在激发进步群体、少数群体和边缘政党制造动乱,开创危险的先例。政府支持者也谴责布莱克侵犯了"隐私,而他的自由派的朋友将隐私看得比他竭力保护的法律更加神圣"。

然而,调查者揭露出是企业利益集团花钱雇人写出并且发出那些电报和信件来抨击罗斯福的法案。他们还发现其他有影响力的企业领导也存在相关的可疑行为。最终,国会通过了简化版的《控股公司法案》,该法案对"死刑"条款进行了修订而布莱克所付出的努力获得了新政及其最忠诚的拥护者的普遍支持。最后,布莱克回应了《哈勃》(Harper)文章中的批评:"特权在隐秘黑暗的环境中生长,而无情公开的光芒会摧毁它。"

布莱克和罗斯福对瓦格纳的《反私刑法》深存疑虑。第一次世界大战之后,三K党占据支配地位,亚拉巴马州的塔斯基吉学院收集的统计数据显示私刑大幅增加,而斯科茨伯勒案进一步加剧了这种趋势。因此,参议员瓦格纳和科斯蒂根代表全国有色人种协进会组织工会劳工以及各种人道主义团体提出扩大联邦法院在暴力案件中的司法权的法案。布莱克和南部的民主党一起阻止该议案通过,而是支持《社会保障法》,确立全国劳资关系委员会的法律以及其他主要的新政立法。虽然罗斯福个人支持该法案,但是他无法以政治必然性为由同意该法案的通过。"按照国会中以年资授职的规定,南方人升任主席,或者担任大多数参议院和众议院委员会的要职,"总统解释道,"如果我现在为了《反私刑法案》出面,那么他们会阻碍我要求国会通过防止美国崩溃的每一个法案。我只是不能冒这个险。"

布莱克强烈反对瓦格纳—科斯蒂根法案。他指责滥用私刑是一种罪恶,但是认为增加联邦的司法权等同于重建时期的军事干预。他说,历史证明重建时期之所以会失败,是因为它引发了南方公众反对对种族平等施以越来越多的同情。不明智地实行《第十四修正案》,危及了当地政府对刑事司法制度的控制,令南部的白人尤为愤怒。因此,一旦"其他人""因国会(华盛顿)以政治利益为优先颁布的法律"进入州政府,那么,支持"那些只在最近成为'奴隶'的人"享有投票权和受教育权的人就会被打败。布莱克称,"要不是这个原因,解决两个种族肩并肩共同生活这一大问题的方案就不会发展得这么迟缓了。"南部的经历与麦考利所描述的诺曼时期的英国的经历相似,都是因为立法者忘记了"除非我们想要将法律机构转变成军事机构,否则我们必须依靠陪审团成员的观点进行最终分析",从而导致"以最优利益为目的制定的"法律通常都以失败告终。

布莱克仍然继续前进。由于最高法院对《第十四修正案》的解释是认可企业享有法人的权力,因此劳工被误解为支持《反私刑法案》的提出。企业进而可以对私人财产的威胁等同于私自寻衅滋事侵犯个人权利为由运用法律来打击罢工者。布莱克警告道,在这些抗争背后"是在1929年末将我们带入毁灭境地的同样的掠夺和特权利益"。他认为,瓦格纳和其他新政拥护者已经在不知不觉中将自己与"特权和贪婪的信徒"联系在一起。反过来,这阻碍了《社会保障法》的通过,而该法案会"影响成千上万的美国人,无论他是哪一个种族、哪一种信仰或者哪一种肤色"。通过援引杰斐逊长久以来对联邦法院的反对,布莱克也表达了他对陪审团实施的"人民的法官"以及州法院推选制而非"法官终身制"的偏爱,不过他支持增加联邦经济监管机构的权力超过制宪者原本的规定,他说,这是必须的,因为国家面对的是"新的环境和新的经济时代"。与此同时,联邦政府应该接受各州的"习惯和习俗"差异。

针对《反私刑法案》展开的斗争表明了新政的限制。瓦格纳、诺里斯和布莱克带头将联邦的权力扩大到管理企业和农业经济,保护工人和消费者的利益,提高社会的物质条件以及培养个人的社会地位。然而,瓦格纳《反私刑法案》的失败表明了新政拥护者的分裂。布莱克和罗斯福认为对个人权利的保护屈从于较狭窄的政治必然性,认为代表种族平等的联邦干预危害了国家为提高所有美国人(不论种族)的经济机会所付出的努力。然而,布莱克呼吁杰斐逊主义的民主和人性,反对《反私刑法案》,这不仅遮掩了他自己目光短浅的事实也回避了一个重要的问题:在不保护个人权利的情况下,政府能提高社会福利吗?

1936年罗斯福竞选连任,这一问题的答案似乎显而易见。布莱克对新政的强烈支持使他进入了罗斯福竞选顾问的核心团队。他在全国各地发表竞选演说,对抗共和党的候选人艾尔弗雷德·M.兰登。兰登一度做出反击,谴责布莱克的国会调查策略,称其"公然违反了宪法对不合理搜查和逮捕的限制,罪大恶极"。然而,最重要的是,共和党人认为新政依赖大政府相当于将大萧条的恶况越治越糟。布莱克回应道:"由于国家商业控制不同于地方,因此我们必须重塑并且改造我们真正喜欢的传统观念。"大多数南方人,事实上也是大多数美国人都同意这一理据。相比之下,斯科茨伯勒案仍不断引发"共产党"激进主义的种族暴力和恐怖事件,南方人都坚定地认为,联邦权力不应该延伸到种族关系上。

即便如此,共和党试图采用公民投票的形式进行选举,以便令新政彻底失败。除了缅因州和佛蒙特州之外，罗斯福走访了每一个州，获得了当时为止历史上最多的选票。随着选举胜利，民主党控制的国会提出了新的计划，进一步扩大了联邦政府对美国人生活的影响。虽然布莱克再一次提出了他的《周工作30小时法案》，但是他为了支持《公平劳动标准法》逐渐放弃了该法案。南部的民主党强烈反对《公平劳动标准法》，对全国统一最低工资、规定工作时长以及取消童工等提议表示不满。尽管如此，通过引用狄更斯和麦考利对于19世纪英国的工厂改革所做的评论，布莱克改变了他早期否定白人和黑人工资平等的看法。他说："一个出生于亚拉巴马州的人的工作能力与出生于新英格兰地区任何一个州的人的工作能力一样，在做相同工作的情况下，他有资格获得相同的酬劳，我同意这样的准则。"布莱克已经将这些印象派的语言看作"可爱的诗篇"加入到了法案之中，而一位密西西比州的参议员对此表示蔑视，但布莱克称："诗歌历来都是代表弱者呐喊。"这种国会的领袖风范，再加上他在总统成功连任中发挥的重要作用，令一些报纸的评论家和几位劳工领袖认真探讨他在1940年成为罗斯福的继任者的可能性。

讽刺的是,尽管罗斯福的成功令人印象深刻,但是仍存在一个根本性的问题,在谢克特案件判决之后实施的计划能否逃脱最高法院的审查而幸存。因此,罗斯福提出立法授予总统在最高法院为每一名年过70岁而选择不退休的法官任命额外助手的权力。于是,他有机会最多任命六名新人。虽然他以提高效率为由证明了该方案的合理性,但是这很明显是试图在法院中插入新政的支持者。

1937年初,"法院填塞计划"一送交参议院,全国各地便爆发了反对之声。在参议院读到该法案时,副总统约翰·南斯·加纳捏了捏自己的鼻子,接着比画了一个拇指向下的手势,表示反对。由于该计划削弱了宪法的分权和政府机关彼此之间的相互制衡,就连一些自由主义者也提出了反对。同时,南部的民主党私下也害怕允许罗斯福任命的人进入法院有可能会对类似于《公平劳动标准法》的法律有利,而该法案最终有可能削弱种族隔离。

雨果·布莱克是1937年冬天、春天和夏天维护法庭填塞计划的少数南方人之一。他通过全国性的广播宣布"我们大多数的法官每次判决案件时不应该根据其经济偏好修订宪法"。然而,与此同时,他当然同意总统享有任命新政拥护者担任法官的权力。他将罗斯福和塔夫脱总统等同起来,塔夫脱建议法官根据国家的普遍民意"解释《第十四修正案》的法定诉讼程序条款"。于是,布莱克对根据自己的经济态度理解宪法的法官进行了批评,同时赞扬了那些观点与国家"普遍的民意"一致的法官。杰斐逊和安德鲁·杰克逊根据任命者是否接受主导政党的政策选择法官,布莱克鼓励富兰克林·D. 罗斯福也这样做。然而,这些论证证明了两党联合并不充分,罗斯福的主要立法领导人,阿肯色州的参议员乔·鲁宾逊于1937年7月逝世之后,总统的提案也随之陨灭。

法院填塞计划的失败表明民主党内部正逐渐分裂。一方是像瓦格纳和布莱克这样想要纠正自进步主义衰退以来所积累的社会和经济不平等的人。与他们意见不一致的是许多南部的民主党人,这些人认为全国劳资关系委员会和《公平劳动标准法》这样的措施太过火了,尤其是这些措施威胁到了种族隔离。渐渐地,媒体和罗斯福本人将这种分歧解释为自由派和保守派之间的分裂。早在1928年,胡佛已经将自己的计划描述为"真正的自由主义",抨击"任何人都可以参加的竞赛以及落后淘汰赛。机会平等和美国个人主义的本质是既要求经济平等,也要求政治和社会平等"。对于胡佛而言,联邦政府在保护自由主义中的角色只不过是"经济竞赛中的裁判而非运动员"。大萧条时期,这一方法一失败,新政的拥护者便开始将自由主义与增强的联邦控制权相提并论。然而,直到法院斗争揭露出对依然强大的联邦政府的抵抗越来越激烈之后,政府的拥护者才普遍认为自己是反对"保守联盟"的新政自由派。

民主党自由派阵营的身份为布莱克带来了意想不到的利益。威利斯·凡·德万特是最高法院中最坚决地反对新政的法官之一,1937年5月,他告知罗斯福自己退休的消息。总统直到法院填塞计划失败,才任命候选人。在征求了司法部长等人的建议之后,他将选择的范围缩小到两名参议员明顿和布莱克身上。有一段时间,约瑟芬催促自己的丈夫重开律师事务所,尤其是他们的两个儿子开始去佛罗里达州昂贵的军事院校读书时。同时,斯特林的听力问题也需要长期进行费用高昂的治疗。此外,五年前他们生了第三个孩子,取名约瑟芬。虽然几乎没有人怀疑布莱克赢得1938年的连任选举,但是他却有些担心。亚拉巴马州的报纸纷纷抨击他维护法院填塞计划和《公平劳动标准法》,而他为北亚拉巴马州的罢工者辩护加剧了这些批评。

然而,布莱克最终接受了罗斯福的任命,同年8月12日参议院也接到了通知。罗斯福的任命十分保密,以至于参议院最初接到副总统加纳的以"我任命雨果·L.布莱克"开头的信息时,所有人惊愕得说不出一句话。于是,很快,投票选举因这一通知推迟,而且自1880年代以来,这是首次总统在任命在职的参议员时需要委员会进行调查。

《纽约时报》认为这次任命"就像是在已经被法院问题磨破的政治伤口上撒盐"。其他存在已久的原因还涉及布莱克整个的参议员生涯。对于大多数参议院的同事来说,他是一个孤独的人,《纽约时报》发现他主要表现出两种个性:"冷静、积极、富有哲学气质的学生"和"踊跃的改革者"。小组委员会调查期间,就连自由派也对他的策略产生过质疑。另一位批评家阐明了问题的关键:布莱克拥有成为全国最重要的参议员之一的能力,"如果他不是仍然按照他做检察官时的角度来思考问题的话"。

尽管争论时曾一度几乎拳脚相向,但是附属委员会和委员会分别以5比1和13比4的比例投票批准了布莱克的任命。然而,当这一问题到达整个参议院时,全国有色人种协进会和社会党纷纷发电报给参议院,要求对布莱克在斯科茨伯勒案件中保持沉默、反对《反私刑法案》,以及最重要的是对盛传的三K党成员身份提出质疑。布莱克加入三K党的流言也传到了白宫,于是病衰体弱的诺里斯为布莱克进行了辩护。诺里斯公开表示:"他绝对称得上是人民大众的代表。他了解他们的希望和理想,由他管理,他们的自由绝对安全。"然而,有关三K党成员身份的质疑仍在继续。记者们联系上了身在亚特兰大的"帝国巫师"海勒姆·埃文斯,他的回答是,据他所知,布莱克既非三K党的成员,也非三K党的支持者。当然,他们不知道布莱克和埃文斯是一起在克莱郡长大的儿时玩伴,而且在伯明翰也是志同道合的三K党会友。对于催促关注三K党成员身份问题的人投票反对任命,布莱克只能保持沉默。他知道真相,但是克制自己承认这一事实,以免危及他的任命。

第四章　经济大萧条和新政自由主义(1929年—1937年)　129

尽管共和党人和南方民主党人的公众诉求和批评传到了参议院,但是最终政府以63比16的得票数赢得了对布莱克的就任批准。南方的参议员虽然抨击布莱克,但是并没有投布莱克的反对票。用伊克斯的话来说,这一消息第一次发布的时候,他们会在各地"咒骂"这次任命,却没有勇气站出来投票反对这个来自南方腹地的参议员同伴。

当罗斯福为布莱克介绍他的委员会的时候,伊克斯一个人站了出来。亚拉巴马州人伊克斯在他的日记中写道:"没有办法掩饰他的任命带给他由衷的喜悦之情。他高兴极了。"公众的反应不一。"我满心欢喜,"参议员明顿跟总统说道,法兰克福特也表达了自己的激动之情。《商业周刊》进一步分析道:"布莱克再也不是只能勉强维持生活的煽动政治家。亚拉巴马州的'特权之首'再也无法威胁他的政治地位。"《新闻周刊》的作者不那么心慈手软,评论道"还有比这更加糟糕的高级司法职务的任命",但是"我不记得发生在哪里,是什么时候发生的了"。胡佛更加切中要害,称法院已经"改组九分之一"了。

传统上,新法官需按照最高法院的规定在就职之前进行必要的宣誓。然而,不由分说,布莱克在接受任命后不久便对这些人进行了编排和管理。很可能是为了避免三K党成员身份的争议进一步危及其职位,他选择了尽早宣誓就职,以便让任命成为铁一般的事实。8月19日,他成了美国最高法院的助理法官,终身为"良好的行为"服务。于是,在10月份正式开始法院工作之前,他和约瑟芬去了欧洲旅行。

但是有关三K党成员身份的争论没有就此销声匿迹。有两名记者去南部调查布莱克和无形帝国之间曾有过或者仍然存在(如果有的话)的关系。不久,全国各地的头条都是报道布莱克早期与三K党的关系的新闻,而且民意调查显示,针对他担任最高法院法官的问题,民众分裂为60%的反对比40%的支持。罗斯福对于这次任命的批评做出了回应,他承认自己从未想过调查布莱克的过去,并指出某些公众解释是合理的。亚拉巴马州的州长曾坦言多年前,他和布莱克"曾加入过三K党",就像他们"曾加入过其他各个新教组织"一样,然而,此时,很少有人注意到这番话。同样地,伯明翰犹太团体的一位领导人曾说"布莱克先生和其他人一样是犹太人和天主教徒的朋友",这番话也完全被人所忽视。

虽然有记者赶到欧洲追问布莱克,但是他在返回美国之前拒绝发表评论。当国家广播公司向他提出为他安排一个广播时段来讨论这一问题时,他答应了。10月1日,在他位于华盛顿郊区的家中有很多亲密的朋友们,外面聚集了许多等候的新闻记者,许多家庭成员和朋友与约3,000万美国听众一起倾听了布莱克的发言。

他说,传统上,最高法院的法官不会公开评论极具争议的问题,但是这是一次"特别的情况"。他认为,美国人是这场努力煽动宗教信仰偏见的"相关运动"的目标,这场运动是为了让他们相信布莱克是少数群体的敌人。他指出他在参议院的记录足以反驳这类指控,并且重申绝对信守《权利法案》的宗教信仰保护。他声称,"我确实曾经加入过三K党,但离开后就没有再加入过。当时或者现在出现在该组织记录上的信息,我均不知情。"关于他收到的"不明卡片",他没有把它看作是三K党"成员身份的象征"。"我从来没有使用过它,甚至没有保存它。"布莱克法官说,在成为参议员之后,他从未再次与该组织有任何牵连,而且他确信听众中许多天主教徒、犹太人和黑人都是他亲密的朋友。最后,他宣布,"我对这一问题的讨论就此结束。"

人们对布莱克的演说褒贬不一。支持者称赞他的坦白。反对者认为他的演说只不过是在努力"调整他的政治航向,以适应当前的风向"。少许种族和宗教少数团体大为恼火。正如一位发言人所说,"除非采取及时的、有效的行动以擦去法官铭牌上的这个污点,否则黑人不会满意。"但是,罗斯福跟一位关系密切的顾问说,这次演讲"很出色。确实起到了作用。你就等着看吧"。事实上,后来的10月底民意调查显示,支持布莱克担任法官的民众占到了56%,而反对者为44%。

在某种层面上,这一段小插曲只不过是权宜之计,和布莱克在参议院调查时期的沉默以及他之前就任法官时的宣誓一样。但是针对布莱克升入最高法院展开的斗争也反映出新政自由主义内部存在更深的压力。总统任命这名亚拉巴马州人,主要是因为他始终如一并且有效地支持扩大联邦救治国家的社会和经济弊病的权力。然而,新政拥护者本身在扩大的联邦政府的权限和性质问题上存在分歧:反垄断管理者反对官僚主义计划,而南方种族隔离的支持者坚决反对联邦保护公民权利。虽然《公平劳动标准法》遭到了否决,但是大多数南方的民主党人以压倒性的投票比数支持自由派继续扩大联邦在农业、田纳西河流域管理局、社会保障以及其他福利计划上的职责。同样地,像布莱克和瓦格纳这样的自由派同意扩大有利于工人的联邦干预,但是当涉及公民权利时,则处于相反的立场。

从根本上而言,这些冲突代表的是一种与大政府的成本能抵消多少收益相关的难以解决的困境。1937年10月,布莱克正式进入最高法院任职。他利用在克莱郡所学的、所检验的并且经过提炼的价值观应对美国自由主义的困境。

第五章
自由派的法官
（1937年—1941年）

对布莱克而言，最高法院是为新政自由主义而奋斗的新舞台。法官们个人的设想和各个案件以多数表决为准进行判决的需要之间相互影响，从而加剧了法官之间持续存在的冲突。虽然到1941年，罗斯福的新政及其自由主义的最高法院已经明显稳固，但是围绕自由主义展开的斗争仍未结束。

华盛顿成了布莱克一家人的永久居住地。雨果和约瑟芬在弗吉尼亚州的亚历山德里亚市买了一套建于18世纪末期的房子。由于地处延伸至波托马克河的一个斜坡的顶部，邻居稀少，这个新家在很大程度上可以保护隐私。家庭成员平时可以在公园和网球场消遣娱乐，比起首都的社会活动这里相对简单，而且政治压力也较低。

这样的生活绝不缺乏亲密的欢乐和亲子之间的沟通。小雨果和斯特林就读于佛罗里达州的军事学院,而女儿约瑟芬则留在华盛顿读书。小雨果患有呼吸系统疾病而斯特林则存在听力缺陷,但是全心全意爱他们的父母尽其所能确保这两个小男孩能够接受正常的教育。1938年初,这位法官给学校的负责人写了一封信,信中表达了自己获悉"两个儿子取得优异成绩"的喜悦,但也表达了对小雨果在新环境的身体情况的担忧。此外,他写道,"斯特林的听力缺陷给他带来了许多麻烦",令他"学习起来更加吃力"。由于开学期间两地相隔,家人之间会保持定期的书信来往。要是一周都没有收到一封信,布莱克和约瑟芬都会心神不安。

法官助理也会参与到他们的私人生活之中。这些刚从法学院毕业的热情阳光的年轻人主要协助调查和记录司法建议。布莱克的第一个助理是来自亚拉巴马州,毕业于哈佛法学院的杰尔姆·库珀,他为布莱克服务了两年。由于在开庭期间每天都与这位法官紧密合作,库珀及其继任者直接见证了布莱克的宪法思维的发展。虽然他们会在最高法院法官的办公室讨论彼此的想法，但是他们最经常的交流地点是布莱克家楼上转角的书房，这种交流经常持续几个小时直到深夜。在这间书房里，布莱克不仅写下了自己的见解，也继续着他的自学，稳步地增加他已经十分庞大的私人图书馆的藏书。由于亲身参与到了这种知识积累和思考的过程，助理们了解了布莱克的书与他的宪法思想之间的统一关系。

每一个助理为这位法官服务的时间都不长，布莱克总会敦促他们读一些经典名著或者历史书籍。他总会问："你读过这些书吗？"助理通常都会给出否定的回答，于是布莱克会说："那么，它们是你的第一项任务。这些书中关于人性和历史的阐述与我在开庭前思考的问题相关。"这些年轻的律师逐渐意识到，这位法官认为人性是不变的。"好吧，当然自塔西佗起，这一直是一个难题。"他会就当前的问题这样评论道。如果助理说他从未阅读过塔西佗的著作，那么布莱克会反驳道："好吧，要是你没有读过的话，你不可能成为一名律师。"

布莱克诚挚且满怀敬意地对待最高法院的每一个人。在加入最高法院后不久，他给刘易斯·布兰代斯法官写了一封信,表达了自己对布兰代斯的观点的看法:"真的很抱歉,我无法认同。"尽管如此,在一群同样自我意识强烈并且有着坚定信念的人中,布莱克对原则的笃定以及对自己见解的自信似乎还是有些令人不快。布兰代斯私下对布莱克的评论是,"他对宽容的意义没有一丁点儿的概念,当他滔滔不绝地谈论民主时,他的行为中完全缺乏民主最根本的要求——宽容"。然而,詹姆斯·R.麦克雷诺兹法官毫无疑问是最极端的例子,他非常讨厌犹太人,尤其是布兰代斯,只要布兰代斯发言,他总会离开会议室一段时间。很明显,这两位法官从来没有说过话。

布莱克加入的是一个已经从根本上分裂的法院。乔治·萨瑟兰法官、皮尔斯·巴特勒法官以及麦克雷诺兹法官坚决反对扩大联邦权力的新政计划。布兰代斯、哈伦·F.斯通和本杰明·卡多佐大体上支持罗斯福的自由主义。在1936年总统以压倒性优势获胜之前,首席大法官查尔斯·埃文斯·休斯和欧文·罗伯茨法官总体上反对新政。然而,总统当选之后,休斯说服了罗伯茨,认为进一步反抗是徒劳。首席大法官害怕继续以激进的方式背离美国人民的需要和期望会影响最高法院的独立性。1937年早期,这两个人和三名自由主义者一起支持《瓦格纳法案》提出的国家劳资关系委员会,认为其符合宪法规定。

许多人认为,这一转变是罗斯福的法院填塞计划所产生的结果。但是,在这一计划公布之前,休斯和罗伯茨就已经私下决定改变他们对政府的国家最低工资法案是否符合宪法的立场。1936年公众以压倒性的比例支持罗斯福;此后不久,在"西岸宾馆诉帕里什"一案中,最高法院以5比4的比例支持州法律,罗伯茨代表大多数人的意见撰写了判词。因此,1937年10月布莱克进入最高法院似乎保证了自由主义者明显占大多数的优势。

凭着自年少时便表现出来的不屈不挠的精神和创造力,布莱克兢兢业业地履行着新任法官的职责。为了让自己熟悉最高法院的宪政学说的演变历程,他系统地研究了三百多卷已经记录在案的判词。布莱克已经掌握了陪审团审案和上诉诉讼所需的程序术语。担任参议员时,他掌握了立法的程序,其中包括管理联邦政府的三个分支之间关系以及联邦政府和州政府之间关系的宪法原则。但是,他知道,最高法院的运作在宪法制度中是独一无二的。《宪法》所依赖的原则是,必须设定某种限制来抑制多数规则的过度使用。因此,除了在美国未经选举的法官有权力宣布已经人民代表通过的法律无效之外,其他民主国家中未经选举的法官都没有如此广泛的权力。此外,最高法院的九名法官只对难处理的弹劾程序有解释义务,这只执行过一次,而且那次还失败了。

作为一名律师和经选举产生的官员,布莱克已经为自己的行动发展出一套独立的哲理依据,而他作为法官也是如此。在法院填塞斗争期间,他已经指责过法官将他们的经济观点写进司法意见。与此同时,他认为,为了维护体现出符合国家改革需要和国情的经济原则的法律,法院应该忽视判例。布莱克认为,司法审查,尤其是在商业条款的解释方面,应该考虑到人民"当前普遍的情绪",至少是将这些扩展到技术创新或者经济改革的范围内。布莱克不否认制宪者们初衷的中肯性;他认为,他们打算建立涵盖全国需求的联邦商业力量。

布莱克的观点来自司法能动主义和克制主义的竞争宪法理论之间的紧张状态。20世纪初,法兰克福特和其他评论家批评最高法院过于宽泛地运用《第十四修正案》和《第五修正案》的正当程序条款之类的宪法规定来推翻有价值的社会法律。为了反对他们认为的毫无根据的能动主义，评论家希望法官尊重立法者。法拉克福特不否认，司法审查本身在特殊的案件中是检查多数规则是否过度的重要手段。然而，他反对宽泛地运用该手段来保护财产权，反而敦促法官支持当选的多数人的意愿。

在布莱克研究1936年至1937年最高法院发生巨大转变之后的判词时，他发现司法能动主义已经在很大程度上对克制主义做出了退让。在"国家劳资关系委员会诉琼斯和劳克林钢铁公司"（1937年）一案中，休斯和罗伯茨与布兰代斯、卡多佐和斯通都认为，根据《宪法》的商业条款，国会有权力成立国家劳资关系委员会。一年多以前，最高法院推翻了相同的商业权力的运用。此时新的多数派反对这类判例，认为国会有权创造将劳资关系视作州际商务的组成部分来进行管理的联邦机构。此后不久，最高法院又以相同的理由对《社会保障法》进行了制约。

然而，在检查其他案件时，布莱克发现最高法院在另一个领域开始尝试追求更加积极的方法。纵观国家的大部分历史,最高法院认定《权利法案》使美国人免受联邦政府的伤害,但是没有使其免受州政府的伤害,不过新近,法官已经宣布《权利法案》中某些"根本性的"保障条款也适用于州法院的诉讼当事人。有学说认为根据《第十四修正案》的正当程序条款,《第一修正案》保障的自由权适用于各州,布莱克自己支持这一学说。

一开始,布莱克法官在试图调解能动主义和克制主义之间的紧张状态中表现出了独立性。在开始的三年里,最高法院判决了26件涉及政府机构,尤其是国家劳资关系委员会权力的案件。最高法院只有五次驳回了该机构的决定,在各个案件中,布莱克持异议,因为他觉得大多数人没有足够仔细地观察到国会成立这些机构的目的。

这位法官对于其他的商业条款案件的观点与自由主义同事更加接近。他认为国会管理商业活动的权力应该与管理国家经济秩序的权力共存,自1937年起,从根本上来说,没有人对他的观点表示异议。他也赞成斯通以及大多数人支持州政府享有规范高速公路上车辆的长度和宽度的权力。然而,布莱克有关有权对涉及州际贸易的企业征税的观点没有被接纳,大多数自由主义者反对因为歧视其他州而对某些州进行征税。

关于传统上司法权限范围内考虑的事情,布莱克也是保持相对独立的意见。鉴于"斯威夫特诉泰森"(1842年)一案的判决,联邦法官要求享有自主决定在诉讼中应该应用何种法律的权力,这涉及州法院的判决在联邦法院中的地位。但是在"伊利铁路诉汤普金斯"(1938年)一案中,布兰代斯宣布,这类有违宪法的自由裁量权干扰了人们对州法院的服从。布莱克站在了多数人这一边,他私下给布兰代斯写了一封信,信中称赞他这次的判决是他所做的"最好的判决"之一,胜过"千言万语"。即便如此,布莱克也告诉布兰代斯,他曾经在较早的一起案件中撰写了不同意见的判词,产生了与伊利案件相同的结果。

这种敢于质疑的精神甚至确立了控制司法权力进一步扩大的信条。几十年来,美国的法院一直认为企业是受到《第十四修正案》保护的法人。布莱克反对这一原则,因为企业被告能够借此规避国家法规和法院审判。因此，布莱克对于"康涅狄格州大众生活公司诉约翰逊"（1938年）一案的判决持不同意见，以他们违反了《第十四修正案》立法者的初衷为由要求对数以百计的判例进行全面地重新评估。

1939年之前，布莱克所表现出的独立性并未鼓舞人心。斯通私下写道，他"真的"被布莱克"革命性的异议""吓到了"，借此表达了他对最高法院中自由主义者的担忧。斯通表示，这类观点是"那些不明真意的人想出来的"，并提出他的新同事需要"对司法程序操作更加熟悉的人指点迷津"。另一方面，斯通"害怕"，布莱克会"因为缺乏好的技巧和表达无关紧要或者不合时宜的想法（无论这些想法本身多么地有价值）的欲望而无可避免地一点点地浪费自己行使司法效力的机会"。

布莱克希望"从头开始重新制定《宪法》"，或者使用"法官的意见作为政治理论"，这令斯通十分担忧，并向新闻记者马奎斯·蔡尔兹吐露了他的担忧。于是，蔡尔兹发表了一篇备受瞩目的文章，表达了对罗斯福这次任命的强烈质疑。蔡尔兹郑重其事地宣称，"以政党倾向为基础的法院填塞计划并非治疗以经济偏向判案这一古老弊病的长久之计"，尤其是由"没有司法经验而且只有相对有限的法律从业经历的人"执行这一计划。从根本上来看,斯通和蔡尔兹的批评反映出他们对走极端的恐惧。事实上,这篇文章掀起了人们对布莱克的个人能力以及他所表现出的罗斯福试图重整法院的决心的全面讨论。支持这位法官的人反驳道,他"接受过足够的法律训练",只不过需要"神圣而又陈腐的试炼过程"。耶鲁大学法学院的教授沃尔顿·汉密尔顿称,对布莱克的抨击之所以会增加,是因为"他将圣牛看作是普通的小母牛"。布莱克自己并没有受到争议的影响。

蔡尔兹的文章所引发的冲突揭示了自由主义法官的沉重压力。绝大多数人支持重新阐释《宪法》中的商业条款以及其他规定,以解决大萧条带来的问题。然而,一旦着手进行宪法改革,自由主义者会就改革的力度或者成功改革的方法产生争议。斯通对布莱克的批评令人们相信,实现改革的最佳方法是巧妙且合理地修改现有的法规。他凭借技能一说回避了对原理的全面改写。布莱克更愿意回归首要原则,以便改变有广泛基础的新的宪法诠释。他将眼光放在了狭隘的技术问题之外,考虑到了结果。他看到了"一起案件的社会问题,即该案件转瞬间对人民生活的影响"。因此,他有"精力而且有能力想出办法(如果有必要的话是新方法)为他认为最大的利益服务"。

自由主义者之间的分歧反映出在自我克制的限制范围问题上存在进一步的争议。一旦最高法院普遍认可宪法支持扩大联邦权力,就会遇到在诠释立法和行政手段的含义时法院应该在何种范围内行使自由裁量权的问题。与斯通以及自由派的同事相比,布莱克支持更完整地尊重立法者。这段时期内,布莱克曾一度撰写并存意见(上诉法院判决中一个或少数法官赞同法庭判决但所持有的不同意见——译者注),表示不认同用于得出结果的推论。最高法院依赖的是其自身对证据的分析,而非仅仅依赖对法律的字面理解。1937年令自由主义评论家头疼的《国家劳资关系法案》和《社会保障法》戏剧性地获得了批准,这类争议便接踵而至。

最高法院根据《第十四修正案》对公民权利开创性的处理同样引发了各种各样的问题。自从1896年的"普莱西诉费格森"案,最高法院依据隔离但平等原则,对《第十四修正案》保障的平等保护条款进行了诠释。

只要提供平等的设施或使用权,国家可以允许以种族为基础的歧视。根据这一理解,南方政府在整个社会实施了种族隔离。

在1938年考虑"盖恩斯代表密苏里州诉加拿大"一案之前,最高法院很少超出法律法规的语言之外来考虑隔离但平等原则在实际应用中是否公平。密苏里州鉴于普莱西一案为不被允许进入本州法学院就读的黑人提供了进入外州法学院学习的资金。这样的安排符合《第十四修正案》的平等保护条款吗?最高法院以7比2的比数(布莱克站在多数人这边)判定密苏里的政策违反了平等保护条款。这淋漓尽致地展现了司法能动主义。

最高法院是根据什么标准来证明这种能动主义合法的呢?在"合众国诉卡洛雷恩制品有限公司"(1938年)一案的第四注解中,斯通的一段话给出了答案,这段话后来被多次引用。他的观点强调,法院应该遵从经济法规的立法者和管理者。斯通说,"影响一般商业交易的监管立法"只要是以立法者的知识和经验的合理基础为依据,在大多数案件中"不会被判定为违反宪法"。然而,他在第四注解中指出,法官必须"尤为"仔细地审查有关宗教、民族或者种族"隔离和隔绝少数群体"的国会立法，以决定作为"特殊情况"的偏见是否干扰了保护少数群体通常依赖的民主程序的运作。

虽然在盖恩斯案件中布莱克投票支持种族平等，但是他不赞同斯通的第四注解准则。斯通支持能动主义保护"隔绝的少数群体"并没有影响布莱克的立场，不久之后，布莱克代表最高法院多数人的一致意见为"皮埃尔诉路易斯安那州"一案撰写了判词，以州法院有组织地故意不让黑人进入当地陪审团为由否决了一名非裔美国人的谋杀判决。皮埃尔一案的判决背离了几十年来最高法院的判例：在应用《第十四修正案》平等保护条款时一直顺从南方官方。不过，布莱克之所以反对第四注解，是因为第四注解没有确立合理的指导方针，在能动主义比克制更可取时限制法官的自由裁量权。布莱克赞同只有在明确规定司法干预范围的时候才有必要由法院进行限制。在涉及州政府实施种族歧视的案件中，他希望最高法院能以《第十四修正案》平等保护条款的制定者的意图为依据。

当最高法院以违反《第十四修正案》的正当程序条款为由推翻州政府对个人自由的限制时，布莱克认同卡多佐法官在"帕尔克诉康涅狄格州"一案中提出的理论，认为《宪法》的《权利法案》中保障的某些权利已经经历了"一个吸收过程"而成了第十四修正案的正当程序条款的一部分。有些权利比其他权利更重要，而且只有那些"暗含有序自由概念"的权利才能和正当程序条款融合在一起。卡多佐强调，这些权利"不同于社会和道德价值观"。他特别对《第一修正案》中的言论自由和新闻自由的保障进行了说明，这两项自由权"几乎为所有其他自由权构建了格局和无可辩驳的条件"。与此同时，他不接受帕尔克案件本身提出的《第五修正案》的禁止一事再理原则是基本权利的论点。另一方面，卡多佐没有尝试将那些可以依据正当程序条款应用于各州和那些不可以应用于各州的规定进行分类。

最高法院在努力调解司法能动主义和克制主义之间斗争的过程中没有涉及任何哲学理论，而是努力遵从了国会和州立法机构制定的经济和社会政策，与此同时确立了在州政府干涉第十四修正案所保障的平等保护条款或者正当程序条款时支持个人权利的设想。布莱克对于针对反映出国家过度支持罗斯福自由主义的联邦或者州经济政策实施自制没有异议。同样地，最高法院的能动主义者对平等权利的维护大体上也与布莱克的原则相一致。然而,布莱克比其他法官更加努力确立具体的限制法官自由裁量权的指导方针。为了规避斯通第四注解中暗含的自由裁量权的含糊不清,布莱克提倡遵循卡多佐在帕尔克一案中提出的理论。

到了1941年,罗斯福已经完全重组了最高法院。在布莱克获任命之后不到一年,总统选择司法部长斯坦利·F.里德继任1938年退休的萨瑟兰法官的职位。一年内,法兰克福特和41岁的证券交易委员会主席威廉·O.道格拉斯分别接替了去世的卡多佐和退休的布兰代斯的职位。1940年2月,巴特勒辞职,前密歇根州州长兼美国司法部长弗兰克·墨菲接替了他的职位。一年后,首席大法官休斯和法官麦克雷诺兹辞职,南加利福尼亚州民主党人詹姆斯·F.伯恩斯和首席检察官罗伯特·H.杰克逊接替了他们的位置。与此同时,罗斯福将斯通由助理法官提升为首席大法官。

这一变化在"合众国诉达比"一案中十分明显:最高法院全体一致赞成《公平劳动标准法案》。斯通的判词指出,根据商业条款,国会有权确立生产州际贸易商品的职工的最低工资和最长工作时间。达比案件的判决无疑令布莱克十分满意，他坚持不懈提出的《周工作30小时法案》为《公平劳动标准法案》铺平了道路。最高法院全体一致认同斯通的观点表明罗斯福已经成功改组了最高法院。他任命了七名法官，每一个都是坚定的新政自由主义者。只有罗伯茨和斯通是之前最高法院的成员。

随着最高法院的局面改变，布莱克的影响力也在逐渐增加。他对国家劳资关系委员会案件持有的异议此时已经成了最高法院大多数人的观点。布莱克对允许联邦完全控制国家农业生产的第二个《农业调整法》的赞成也获得了大多数人的支持。在其他有关商业条款的问题上，布莱克的影响力就没有这么直接了，不过同样占据着重要的地位。布莱克和他自由派的同事同意综合运用商业力量扩大联邦的权力。

布莱克在公民权利领域所发挥的作用也十分重要。由于布莱克刚接受任命时卷入了涉及三K党成员身份的"不幸争议"之中，从皮埃尔案件开始，休斯便将维护南部黑人权利的案件交给他处理。事实上，在盖恩斯案件判决之后，黑人媒体单单对布莱克法官进行了表扬,尽管不是由他写的判词。"虽然之前三K党成员的身份已经得到证实,但是此时布莱克先生已经完全改变,"《纳什维尔全球独立报》的一位编辑评论道,"他赞同最高法院强迫"密苏里大学法学院"允许黑人入学"的决定。全国有色人种协进会秘书长沃尔特·怀特给布莱克写了一封信,称赞了他在盖恩斯案和皮埃尔案中的立场。

在"钱伯斯诉佛罗里达州"(1940年)一案中,布莱克代表最高法院的一致意见所撰写的判词或许是他对种族平等最明确的维护。该案件是陪审团根据四名年轻的非裔美国佃农被迫招认的供词判定的一起谋杀案。地方执法官员在没有逮捕令的情况下逮捕了这些年轻人,未经正式指控,也没有给他们咨询律师的机会就将他们关进了监狱,而且对他们进行了将近一周的深夜拷问。这段期间,这四个人也面临着被多人殴打的危险。因此,他们最终承认自己犯了罪。

该案件引起了全国各地媒体的关注。钱伯斯案件的本质问题已经超越了显而易见的不公正。布莱克和他的同事们唯一能够用来质疑佛罗里达州法院陪审团裁决的依据是逼供违反了《第十四修正案》的正当程序条款。在帕尔克案件中,最高法院已经宣布正当程序条款包含《权利法案》保障的某些权利。然而,最高法院没有考虑到《第五修正案》对反对自证其罪的保护是否也在《权利法案》保护的那些权利之中。

布莱克的判词回答了这一问题。"在由形形色色来自不同种族且具有不同信仰的人组成的国家中,几个世纪以来的证据证明身体和精神上的折磨和逼迫"不幸造成了"不公正的牺牲"。"拷问台、拇指夹、刑车、单独拘禁、持续审问和盘问"残害着那些"无依无靠或者不得人心的人"。大多数遭受这些"秘密和专制的私刑迫害的人总是穷人、懵懂无知的人、势单力孤的人、孤苦无依的人以及无权无势的人"。布莱克总结道,要抵制这类恶行,"需要国家依据《第十四修正案》制定有效的刑事审判程序的基本标准"。因此,最高法院至高无上且独一无二的责任不外乎转变成"活生生的法律",维护为服从我们《宪法》的每个人的利益精心规划并且刻写的宪法保障条款,无论他来自哪一个种族、拥有何种信仰或者属于什么派别。

虽然法兰克福特在这一案件中站在了多数人一边,但是他反对布莱克有关《权利法案》和正当程序条款之间存在更广泛的关系的看法。法兰克福特写道,两位法官在"关于九个修正案的选择条件——应用哪一个,不用哪一个的问题上"产生了分歧。他反对根据推翻伊利案判决的个别判定广泛地进行"司法立法",但是他也反对"与此相对的希望所有法律都由立法机构制定的极端做法"。对于法兰克福特而言,这是"关于走多远才算远,多少才算太多的永恒的难题"。他提醒布莱克,"法官不能逃避填补空白的责任,就算是最富于创造力的立法也必须限定其实施范围"。因此,问题不是"是否由法官制定法律,而是什么时候制定、怎么样制定以及制定多少"。最后,法兰克福特警告布莱克:"缺乏坦诚的恶果。掩饰法官制定法律的职能,会误导民众,无法公开展现法官所应行使的真正职责,如果他们不喜欢这样的法院,会将法官真正的职责交给主要的制定法律的机构,即立法机关,来纠正法官的所作所为。"

"合众国诉克拉西克"(1941年)一案表明法官之间还存在更加微妙的分歧。这一案件引发的问题是,联邦政府是否能够合法地管理为联邦政府挑选候选人的过程中不可或缺的州初选。在这起案件中,证据显示新奥尔良市的州政府官员干预投票选举,导致非裔美国人失去了投票权。斯通带领的大多数人认为,应该将这起案件与许多支持联邦合法的干预以阻止国家大选中出现腐败问题相对立的先例区分开来。然而,道格拉斯、布莱克以及墨菲法官对此表示异议。他们"同意这一见解中表达的大部分观点",但是认为斯通没有考虑到那些被指控妨碍选举过程的人所具有的权利。道格拉斯认为,"公民自由太珍贵,无法允许对只是隐含罪恶的行为定罪"。

对于运用《第一修正案》的正当程序条款来保障各州也存在争议。最高法院否决了要求工人在召开公共会议之前需要得到许可证的城市法令以及类似的限制宗教文献发行的法规。然而,在1940年的戈比蒂斯案件中,最高法院以8比1的比数表示认同宾夕法尼亚州教育委员会有权开除那些拒绝向美国国旗敬礼的孩子。这些孩子声称,作为耶和华见证会成员,他们将对国旗敬礼看作是一种盲目崇拜的形式,这是他们的信仰所不允许的。法兰克福特认为,教育委员会制定的礼节对于培养爱国精神十分重要,而这种精神"是国家安全的基础",其重要性"绝不低于法律价值观",甚至不低于宗教自由。

唯一反对的人是斯通。他认为,"个人有权持有自己的观点,正如他们可以自由合理地表达感受一样",这种个人权利对于民主以及宪法对大多数原则的支持都十分重要。因此,宾夕法尼亚州教育委员会要求爱国的服从并不"比被迫违背宗教信仰的自由重要,这种自由更值得宪法保护"。法兰克福特很惊讶,斯通竟然背离了对第四注解最合理的理解。只要民主程序仍然对外公开,没有障碍,而且不会危及未经选举的法官强制执行的普遍政策,个人自由就应该得到最好的保护。

布莱克对最高法院在自由表意权上的立场最大的质疑便是示威抗议行为。从1937年起,根据《第一修正案》和《第十四修正案》,最高法院认为和平的示威抗议行为是一种免受州政府干预的言论形式。然而,在"牛奶货车司机工会诉梅都摩尔农场"(1941年)一案中,法兰克福特代表大多数人写道,当因财产破坏和其他骚乱受到干扰时,州法院可以发布禁令阻止示威抗议行为。布莱克坚决反对法兰克福特的判决。他强调,事实上只有一些示威者参与了暴乱,而且由于不足以借此否定工会中其他六千名成员"表达自己观点的权利"，示威抗议行为还"有很长一段路要走"。接着，他明确而有力地表述了比卡多佐在帕尔克案件中所指的范围更广的自由表意权的保障："我认为《第一修正案》的保障是我们的政府依赖的基础，没有了这一保障，就无法继续如所设想和计划的那样发展下去。"对于布莱克而言，"针对公共问题发表言论和文章的自由就如同人类身体中的心脏一样重要。"如果"心脏变弱，人的身体会变得虚弱；如果心脏停止跳动，结果就是死亡"。

布莱克从过去的经历中获得的价值观促使他努力在法官的作用、多数原则和个人自由之间寻求平衡。在国家劳资关系委员会和商业条款的案件中，他支持司法克制，赞同新政的规定。然而，由于察觉到社会福利和个人权利之间细微的相互依存关系，他也支持依据《第十四修正案》对各州进行司法干预。尽管布莱克信任陪审团，但是他在伯明翰的从业经历证明，黑人和少数种族所遭受的痛苦都来自白人陪审员。因此，在皮埃尔案和钱伯斯案中，布莱克首次在国家审判中依据正当程序条款给予公民适用《权利法案》的保障。这些结论与他长期以来的信念是一致的。

同样的价值观也促使他努力合理地限制对民众意愿的司法干预。在盖恩斯案中,他投票赞成根据从普莱西案中得出的原则首次对种族隔离进行重要限制。然而,在克拉西克案中,布莱克和道格拉斯一样持反对意见,拒绝以削弱刑事被告的权利为代价维护投票权。一个公民参加自由且没有污点的联邦选举过程的权利并不比另一个公民服从明确且公平的刑法的权利重要。敦促国会而非最高法院通过颁布法律进行干预既可以防止选举出现腐败,也可以保护刑事正当程序。

然而,布莱克最艰难的挑战便是《第一修正案》和《第十四修正案》保护自由表意权的范围。在帕尔克案的判决中,他支持《第一修正案》对言论自由和出版自由的保障是"基本原则",毫无疑问应该将其"并入"正当程序条款的提议。不过,布莱克认为,法官应该防止立法干涉某些(不过不是全部的)个人表达,这种权力本身应该受到限制。由于他整个公众职业生涯中一直与工会劳工和宗教组织有着密切的联系,布莱克认为自由集会、和平示威抗议行为和请愿对于"有序的自由"至关重要。因此,在涉及工人集会和示威抗议行为权利以及宗教组织散播其文学著作的权利的案件中，集体自由要为个人自由让路。但是信仰自由（戈比蒂斯案件所引发的问题）没有受到这类保护。布莱克认为，某些诸如禁令或者向国旗敬礼之类的政策或者标志对于社会福利十分重要，以至于个人对信仰的考虑只能居次要地位。

到1941年底，罗斯福对最高法院的影响既有成功也有失败。由于对抗1936年至1937年间宪法改革的几位法官退休，罗斯福任命忠诚的新政自由主义者取代了这些人的位置。因此，最高法院越来越遵从国会，而且在较小范围内，听从州立法机构对经济领域的管制。这种制约再次引发了一个两难问题，即大政府的利益是否超过了所付出的代价。1939年之后，该问题在少数种族和宗教以及工会劳工方面的表现最为明显。作为回应，最高法院开始采取更为积极的措施处理公民自由，运用《权利法案》的选择性规定作为判定州法律违反《第十四修正案》的正当程序条款的依据。然而，能动主义和克制主义之间产生的紧张局势引发了围绕司法自由裁量权的新冲突。布莱克、斯通和法兰克福特之间的争论反映出对自1937年起制定的宪法原则截然不同的理解。最根本的问题是最高法院应该如何让多数决制服从于个人权利。此外,1941年12月7日,日本偷袭珍珠港事件可以归为自由主义者在战争世界中的困境。

第六章

战时的司法
（1941年—1945年）

布莱克和他的同事们接近联邦政府战时宪法权力斗争的中心。珍珠港事件一爆发，罗斯福便要求国会授予其广泛动员全国力量对抗轴心国的权力。国会建立了新的行政机构，例如物价管理局，与此同时，罗斯福致力于最大限度地增加其作为统帅的宪法特权。他甚至一度威胁如果不实施某种法律，就会迫使国会废除该项法律，批准通过他支持的另一项法律。从1937年到1941年，最高法院仍继续采取扩大联邦权力的措施来解决大萧条危机。布莱克和他的法官同事们以"战时必要"的名义继续采取服从的政策。

执行权的扩大导致国会更加咄咄逼人。战争对军事人才和扩大经济生产的需求结束了大萧条。自1938

年《公平劳动标准法案》通过以来,他们也阻止了推迟的社会政策的再次启用。罗斯福以"新政必须给战争胜利让位"为由替这种不断中止福利计划的行为辩护。罗斯福之所以接受新政自由主义的腐蚀,在某种程度上是因为1942年,共和党人在众议院赢得了47个席位,而且在参议院赢得了10个席位,这样的收获使得南方的民主党和共和党这种保守派的联合产生了新的影响力。到1943年,在遭到罗斯福否决的情况下,国会通过了《战时劳工争议处理法》,要求工会在罢工前推迟30天,并且授权总统控制卷入罢工事件的企业。最后,从总统于1944年第四次连任到他1945年4月逝世,以及到1945年8月战争结束,整个时期盟军的军事力量以及同时进行的谈判迫使国内服从自珍珠港事件以来制定的国际政策。

在最高法院对战时大政府进行约束的同时,公民自由范围内的能动主义也在加剧,其中不包括战争进行时所引发的案件。在珍珠港事件之前,美国的法西斯主义团体推行了一场民族、种族和宗教偏执者的运动,利用了导致三K党和斯科茨伯勒案件纠纷出现的相同的情绪。然而,美国一参战,公众开始抵触这种与阿道夫·希特勒如此接近的态度。尤其是，冈纳·米达尔在《美国的困境》中对种族关系进行了批评性的审视，由此导致人们对南部种族隔离的批评之声剧增。此外，战争期间掀起了南方的黑人前往北方的工业中心寻找工作的热潮，从而产生了新的支持种族平等的投票集团。黑人劳工领袖 A. 菲利普·伦道夫向罗斯福施压，要求其成立一个公平就业实施委员会，进一步促进了新的支持种族平等的投票集团的产生。

最高法院的判决反映了这些变化。它通过《第十四修正案》的正当程序条款将《第一修正案》的保障用于推翻国家对自由表意权和宗教自由的限制。与此同时，最高法院重新恢复了自重建失败以来停止的《第十五修正案》对黑人投票权利的保护。在最高法院设法解决这些问题的同时，布莱克努力形成协调个人权利和社会福利的与众不同的宪法理论。

其他的冲突也影响了布莱克在最高法院中的作用。罗斯福任命威利·B. 拉特利奇接替于 1942 年辞职转而去领导国防机构的詹姆斯·F. 伯恩斯，从而创造了一个新的混合的人际关系。他在写给他的老友哈罗德·拉斯基的一封信中写道，虽然"现在还在打仗，但是这里的一切都和往常一样继续向前发展着"。工作的负担"非常重,既是工作量多的原因,也是处理的事情的重要性的原因。就我而言,这只会令工作更加有趣"。然而,他没有提到不同意见的急剧增加所表现出来的罗斯福任命的自由主义法官之间存在明显分歧的现象。1940年最高法院开庭期间,有110条异议;1941年,这一数字增加到158;1942年增加到165;1943年增加到186;而1944年增加到231。

布莱克在个人权利和战时必要问题上做出的最具争议的判决起因于对日裔美国人的拘留。珍珠港事件复苏了具有数十年历史之久的西海岸白人对"黄祸"的恐惧,而此时的焦点是居住在加利福尼亚州、俄勒冈州和华盛顿的具有日本血统的人。在11.2万的居民中约有三分之一的人是年老的日本侨民,他们虽然出生于日本,但是他们的一生几乎都是在美国度过的,而1924年的法律却否认他们的公民权。剩余的三分之二的人都出生于美国,属于第二代居民,拥有完整的公民权。商业和劳工团体加入到了被西海岸的军事指挥官约翰·L.德威特将军描述为"此时逐渐壮大且庞大的反对日本人的公众舆论"队伍之中。德威特将军表示,"加利福尼亚最优秀的人",其中包括州长卡伯特·奥尔森和州首席检察官厄尔·沃伦都认同某位部下所呼吁的观点,即"我们无法理解或者说信任他们的种族特性,就算是日裔的公民也是如此。"德威特将军将普遍地认为日裔美国人等同于敌人的种族观点总结为:"日本人就是日本人。"

罗斯福按照陆军部官员的要求于1942年2月签署了一项行政命令,同意授权军事机构驱逐指定区域内的"任何人或者所有人"。一个月之后,国会颁布立法,规定任何违反这类军事命令的行为都属于联邦犯罪,应处以长达一年的监禁。因此,德威特将军和他的属下对所有的日裔美国人实施了从下午五点到第二天早上六点禁止出行的宵禁令。与此同时,他们发布了一百多条"驱逐令",要求日裔美国人在一周内卖掉他们的财产,放弃他们的生意和住所,并且立即前往"集合中心",随身只能携带他们双手能够拿得动的财产。在集合的地方,武装警卫会陪同日裔美国人前往位于加利福尼亚州和阿肯色州之间与外界隔绝的"再安置中心"。事实上,这些中心都是由战争再安置管理局管理的集中营。成千上万的美国公民在那里居住了长达四年的时间,虽然他们既没有被指控也没有被判处任何罪名。

1943年夏,最高法院审理"平林诉合众国"案之前,日裔美国人的宪法权利被完全否定。戈登·平林是美国公民,而且是一名教友派和平主义者,就读于华盛顿大学。他反对宵禁令和驱逐令,认为这与"这个国家赖以生存的民主原则"相背离。他的律师认为,德威特将军的命令违反了第五修正案的正当程序条款,而且其动机是种族敌对,并非军事上的必要。政府宣称,这些命令是对日本偷袭这一"重大威胁"的合理反击,而且假如这类袭击再次发生,这些日裔美国人中会有"许多人帮助敌人"。布莱克对斯通撰写的判词表示赞同。甚至没有考虑再安置计划是否符合宪法,首席大法官便支持宵禁令合法。没有质疑那些从宪法角度来看应当为挑起战争负责的人的"智慧",斯通承认"仅仅因为血统不同,公民"所享有的法律权利也不同,而这种法律差异"会引起自由人士的不满",尽管如此,他也认为如果某一血统的人"会比其他血统的人带来更大的危险",那么政府有权"将这一血统的人划分为不同类别的群体,与其他人隔离开来"。

尽管全体一致通过了对于平林案的判决，但是法官内部事实上已经产生了分歧。斯通认同种族分类令墨菲十分恼怒，于是他撰写了一篇冗长的表示异议的文章并且进行传阅，最终，法兰克福特说服他将这篇文章作为并存意见进行发表。针对并存意见，道格拉斯强调，斯通的判决仅适用于宵禁令，并不能解决拘留和再安置政策的合法性问题。杰克逊和罗伯茨保持沉默，但是对政府宣称日裔美国人有可能具有军事威胁表示质疑。布莱克、法兰克福特、里德和拉特利奇不愿意考虑斯通观点的更加广泛的含义。

然而，到1944年，最高法院的成员改变了他们的想法。远藤案件对持续将日裔美国人监禁在集中营的行为提出了质疑。政府承认，国会从未正式授权无限期拘留忠诚的日裔美国人，其中包括八岁的美国公民远藤三津。因此，经最高法院一致同意（包括布莱克），道格拉斯判定，远藤有权获得人身保护令，离开再安置营重获自由。虽然道格拉斯的判决推动了这类集中营制度的废除，但是从整体上而言，该判决忽视了拘留本身是否符合宪法这一更加重大的问题。此外，道格拉斯没有论述宪法是否允许强行拘禁没有被指控任何罪名的美国公民,并且仅凭军事命令就将其驱逐出任何战区。

在最高法院全体一致通过远藤案判决的同一天,最高法院在"是松诉合众国"的案件中产生了分歧,在这一案件中,公民弗雷德·是松为了和他的未婚妻在一起一直留在加利福尼亚州。被捕后,他辩称政府的这种政策违反了《第五修正案》的正当程序条款,尤其是因为遵守驱逐令必然会导致拘留在集中营,而法院刚刚在涉及忠实公民的案件中对这类行为予以驳回。事实上,司法部的官员扣押下了联邦调查局和军事情报机构发现的表明几乎所有日裔美国人都是忠实公民的铁证。这一证据一旦公布,政府宣称的证明驱逐计划合理的"战时必要性"的借口就会被推翻。

然而,由于没有这类证据,布莱克代表大多数人表示尊重军事部门的判断。他没有质疑政府认为日裔美国人是一群具有潜在威胁的人的言论。布莱克承认,这一驱逐计划对于忠诚的公民而言是一种苦难,但是他又说:"这种苦难是战争的一部分,而战争是苦难的集合体。"和远藤案中道格拉斯的表现一样,布莱克也没有考虑拘留政策是否符合宪法。

墨菲法官、杰克逊法官和罗伯茨法官对此表示异议。墨菲认为,盲目地认可军事部门的判断相当于"走在宪法权力的边缘,掉入了丑陋的种族主义的深渊"。他反对布莱克遵从这个相当于将"种族主义合法化"的政策。杰克逊提醒道,这种司法约束的做法为有罪的集团开创了先例,就好像"给任何能够以迫切需要作为合理借口的机构配置了一把重装武器"一样。罗伯茨反对布莱克将驱逐令区别于再安置和拘留政策,他认为这样做忽略了"仅仅因为其血统"就将是松抓入一个"精心设计的陷阱,只为达到军事机构要将他拘禁在集中营的真实目的"这种行为的严重程度。

然而,布莱克从战时民主斗争的角度考虑了日裔美国人的拘留政策。他并没有将联邦政府的这项计划看作是一个有关个人权利的问题。相反地,这一计划代表的是个人自由和社会福利之间不断加剧的紧张局势,而且在这种情况下,战争要求少数服从多数。然而,与此同时,政府故意扣押能够证明日裔美国人忠诚的证据,这种行为从另一个方面显露出反对布莱克对是松案判决的持异议法官的智慧。如果不以宪法权限进行抑制,人们(不亚于独裁者)会滥用他们的权力。

一起牵涉德国破坏分子的公民自由的案件引发了许多相关的问题。1942年夏,一伙德国军人乘潜水艇到达美国,武装破坏了多家军工厂。不久他们便被抓获,罗斯福下令在特殊军事法庭对其违反战争法的行为进行审讯。与此同时,总统剥夺了他们在任何民事法庭上诉的权利,这一举措受到了控告德国国防的美国陆军上校们的质疑。内战之后不久,在米利根案件中,最高法院认为,在远离实际战争行动的地区以及民事法庭能够起作用的地区对平民进行军事审判是不符合宪法规定的。按照战争法,这些破坏者明显是军事人员。尽管如此,辩护律师关注的是米利根案件的被告被拘禁以及由军事法庭而非民事法庭审理合法所产生的影响。律师组织了一次会议,与行政官员、罗伯茨法官和布莱克法官一起探讨将该案件送交最高法院审理的问题。因此,22年来,最高法院首次为了决定罪犯是否能够通过一纸人身保护令寻求释放而中断了夏季的休假。

布莱克在写给斯通的一封信中表达了他的观点。布莱克不希望"破坏米利根案件所宣布的保护"。因此,他要求"只要宣布,由于这些特殊的被告是作为敌人的军事力量进入我国,因此他们应当接受军事法庭的审判"。这样的限制"不会影响米利根案件的原则"。斯通接受了这些观点,并经最高法院全体一致同意做出了判决。首席大法官说,美国的宪法法律传统上认为,在《宪法》的意义上,美国的军事法庭不属于法院。因此,根据《宪法》中保留的针对美国军人的某些正当程序权利来对敌国的军人进行处分的看法是不符合逻辑的。斯通也认为,发动战争的权力使得罗斯福有足够的职权建立特殊的军事法庭。最后,斯通表示,根据战争法,军事法庭对破坏分子进行判决是合理的。

德国破坏分子的案件又引发了战时必要性和公民自由权之间的另一个冲突。安东尼·克拉默是一个具有德国背景但已加入美国国籍的公民。他在破坏分子被逮捕之前曾遇见过并且与其中的两名破坏分子交谈过。联邦调查局的调查员目睹了克拉默的这些行为,因此他被带入法庭进行审判,并被判处了叛国罪。根据第三款第3节,当事人必须在公开法庭上供认或者被两名目击证人证实有过"越轨"的行为,叛国罪名方可成立。该案件的问题是,在宪法的含义范围内,克拉默与其所属国家的敌人有着友好的关系是否是一种

"越轨行为"。经最高法院以5比4的比数投票通过,杰克逊否决了这一判罪,认为克拉默的行为本身以及其他证据都不能说明他有触犯叛国罪的意图。布莱克在注解中对他站在少数人这一边的决定进行了解释,随后不久道格拉斯也提出了异议,而他的观点在逻辑上与布莱克十分相似。在仔细调查了克拉默案件的审讯记录之后,布莱克写道:"如果政府在这里提供的证据无法支持罪名成立,那么我怀疑是否真有那么多人犯有叛国罪,除非美国的公民实际上都是敌国的军人。"而从证据出发,布莱克总结道,"陪审团的裁决是合理的。"

在破坏分子和克拉默的案件中,布莱克进一步提炼了他对于个人自由的看法。他认为,个人自由本身并非是一个终结,而是推动了社会福利所依存的民主自治政府。就布莱克而言,任何与敌国有紧密联系的人都只拥有最基本的正当程序权利。因此,克拉默作为一名美国公民享有宪法赋予的接受陪审团审理的权利。另一方面,那些破坏分子只享有战争法保障的相关权利。然而,在这两起案件中,战时紧急情况促使社会安全成了最重要的关注焦点。布莱克在克拉默案件中投反对票表明,他比其他法官更加不愿意扩大国家敌人的公民自由权。

个性上的冲突导致各法官之间产生了一些细微的争论。1945年罗伯茨退休时,有六位法官拒绝在纪念信上签字,这封信抑或对罗伯茨的离开表示"遗憾",抑或陈述了他"忠于原则""做出判决"的事例。布莱克带头表示反对,对认可罗伯茨担任法官时的表现的言辞表示深深的厌恶。然而,杰克逊、法兰克福特以及斯通都拒绝在"故意删除唯一一句将好的动机归功于罗伯茨的话"的信上签字。最终,这位法官没有收到一封信。首席大法官斯通只是读了一段文字来宣布这位法官退休,这段话中删除了布莱克等人反对的措辞。

同时,越来越多的人反对工会劳工也使得最高法院产生了分裂。1944年和1945年,在几个相关的案件中,法官考虑了这样一个问题,即《公平劳动标准法案》是否应该强迫煤矿公司为矿工往返于平硐口和实际着手挖掘的地方所耗费的时间付款。虽然该法案没有具体规定这类义务,但是经最高法院5比4的比数通过,墨菲法官对这一法律进行了明显有利于矿工的解释。在杰克逊的带领下,法兰克福特、罗伯茨和斯通这些持反对意见的人都认为国会并没有想要对《公平劳动标准法案》进行任意解释。要是布莱克没有投墨菲一票的话,最后 4 比 4 的僵局会阻碍判决。这令杰克逊很生气,因为布莱克的前律师事务所合伙人是矿工的代表律师,考虑到这一因素,布莱克完全应该退出这类案件的审理。事实上,其中一家雇主朱厄尔·里奇煤矿公司因为人事关系要求最高法院重新审理其案件。最高法院驳回了上诉,但是杰克逊仍然相信布莱克的行为不恰当。

各位法官在其他监管问题上的意见比较统一。从 1937 年开始,最高法院依据商业条款极大地扩大了联邦监管的范围;随后将这一趋势看作是与联邦对战时经济的管理相一致。在"威卡德诉费尔本"(1942 年)一案中,最高法院一致同意《农业调整法》的提案,国会根据该法案授权农业部长对小麦实施销售定额制度,对本地种植和消耗的小麦量也是一样。杰克逊认为,这类生产很少会直接影响州际商业的流动,但是本地食用的主食事实上会影响全国范围内的商品价格。因此,联邦法规在商务权力的范围内是有效的。

在国家控制公民权利问题上的意见不一致也会引

发冲突。在"格罗夫诉汤森"(1935年)一案中,罗伯茨认为南方的初选禁止黑人参与投票的规定并没有违反《第十五修正案》。他认为该修正案不适用于民主党内部初选这类私人政治活动。1944年,在"史密斯诉沃莱特"一案中,最高法院明确推翻了格罗夫案的判决,罗伯茨对此提出了异议。里德法官代表八名成员讲话,认为白人预选是最基本的选出所有代表南部候选人的选举活动,事实上,这类预选属于国家行为,而非私人行为。罗伯茨回应道,最高法院任意忽视"经过深思熟虑的判决"的政策表现了现今的最高法院"不尊重那些过去在这个法庭上效力的人认真谨慎得出的结论"。

在"史密斯诉沃莱特"一案中,法官们也遭遇到了另一种偏见:反犹太主义。最高法院经会议协商一致通过否决格罗夫案件的判决时,斯通将写判决书的任务交给了法兰克福特,但是杰克逊提出了一个问题,从而导致斯通重新进行分配。你不是一个南方人,"你是一个犹太人",杰克逊告诉法兰克福特,正如你所知,由于有许多人"一心想要利用反犹太主义,我认为不应该给予他们不必要的资料"。于是,法兰克福特与首席大法官斯通讨论了这个问题,斯通反对让布莱克写判决书,因为没有人知道"(他)会怎么来写"。最后,首席大法官将写判决书的任务交给了来自肯塔基州的斯坦利·里德。

小雨果服兵役令布莱克换了另一个角度来看待最高法院遭遇到的种族和宗教偏见。小雨果的一封信讲述了一名白人士兵因一名黑人军士使用了白人的卫生间而残忍地对其进行殴打的事件。"我到了那里,试着将他拉出来,尽量阻止这场流血的打斗。我能看出来,几乎每一个人都对我嗤之以鼻。"小雨果在信中对他的父亲说道。当宪兵队赶到时,他们"甚至没有问是谁殴打了他或者在他身上发生了什么事。他们所说的只有:'肯定有人动手揍了黑鬼一顿。'"布莱克的回复反映出他自己的经历以及对人性的理解。他说道:"那些或天性残暴,或后天变得残暴的士兵仅仅因为另一名士兵的肤色而残忍地对其进行殴打,这些人一定会令你感到很不安。""如果你活得够久,你会看到更多人性残忍的一面。你会发现这类特征并不能完全归咎于对任何一个种族或者阶层的反感。"此外,布莱克告诉他的儿子,"种族偏见通常源于自负,或者隐蔽的自卑心理。"

事实上,这位法官曾借用他儿子的经历来说服其他人。一天夜晚,"新泽西州一位积极的共和党人的儿子"登门拜访了布莱克,这个人"遗传了一些对非外邦人,尤其是犹太人的偏见思想"。正如布莱克在写给小雨果的信中所说的:"事实证明,你在军营中所看到的那一副副各种群体互相厌恶的生动画面是我能够说服他的最好的论据……他离开我们家时态度完全不一样了。"

布莱克和法兰克福特之间的对抗进一步影响了国家对个人权利的控制。法兰克福特支持从英国习惯法那里继承的原理,这些原理相对地限制了对《第一修正案》的诠释。然而,布莱克支持更加自由地表达,而非进行限制。这一问题源自"布里奇斯诉加利福尼亚州"(1941年)一案。州法院宣判劳工激进分子哈里·布里奇斯和《洛杉矶时报》的编辑发表对劳工动乱案件的审讯进行批评的文章有罪。珍珠港事件爆发的第二天,布莱克宣布了最高法院以5比4通过的判决,其中法兰克福特、罗伯茨、斯通和伯恩斯持反对意见。布莱克否认发表的批评性文章会造成明确而现时的危险,以违反了《第一修正案》和《第十四修正案》为由驳回了对布里奇斯和编辑的定罪。

布莱克的判决是最高法院一次巨大的转变。1940年，刚开始审理这起案件时，赞同给布里奇斯和新闻编辑定罪的法兰克福特被委派代表大多数人撰写判词。以布莱克为首的其他法官对此表示反对。正如法兰克福特在他起草的判词中所写的，他的观点是"加利福尼亚州立法院执行的权力深深植根于热爱自由的说英语的民族逐渐创建的执法制度"。在提出异议的草案中，布莱克的看法恰恰相反，他个人对《第一修正案》的起源所进行的研究表明"没有什么比《权利法案》的通过更能清楚地表明美国的司法制度的目的无非是保障美国的人民比大不列颠的人民享有更多的宗教自由、言论自由、集会自由以及请愿自由"。他试着引用杰斐逊的话进一步强调了最高法院应该鼓励言论自由，而非进行限制。"首先，写入我们宪法《第一修正案》的那些自由权是对于生活和属于人民的、由人民管理的、为人民服务的政府发展必不可少的人权自由。它们是人民政府赖以存在的支柱，而没有这一支柱，自由人民的政府便无法存在。"

然而,到了1941年,这两位法官的相对立场发生了彻底的转变,结果布莱克代表多数人撰写意见,而法兰克福特则代表少数人。虽然只有法官自己知道最高法院发生变化的直接原因,但是战争期间,这种变化的势头加快。在1940年戈比蒂斯案件的判词中,法兰克福特拒绝了耶和华见证会的要求,即依据《第十四修正案》和《第一修正案》的相关条款让他们的子女免于遵守宾夕法尼亚州强制性的国旗敬礼规定。布莱克与法兰克福特的看法一致,因为他认同在那个世界斗争不断增加的年代,向国旗敬礼的仪式对于社会统一而言十分重要。但是,当希特勒从种族优越性来论证独裁主义政府和征服合理时,布莱克和其他的法官意识到有必要重新考虑他们对个人权利的立场。事实上,纳粹主义和偏见之间的关系令布莱克十分苦恼。他买了一本希特勒所著的《我的奋斗》并进行研读,他认为德国的侵略是肆无忌惮地扼杀个人自由的典型。纳粹对少数民族、少数种族和政治反对派的迫害"简直就是在重蹈人们获得过大权力时的历史覆辙"。

战争爆发后,耶和华见证会仍不断向国家强制性的限制法规发起挑战。1942年,最高法院通过了阿肯色州和亚拉巴马州实施的要求宗教团体为在当地社区售卖宗教著作缴税的城市法令。有四名法官表示反对,其中包括布莱克和道格拉斯,他们在戈比蒂斯案件中也是明确地投出了反对票:"现在我们相信[戈比蒂斯]案件属于误判,此时是说这句话最合适的时机。"此时他们"确信","依靠极具历史意义的《权利法案》运行的国家政府的民主形式有义务调整自己以适应少数派的宗教观点,无论这些观点多么地不受欢迎,多么地不正统"。

第二年反对的人占大多数。在源于宾夕法尼亚州的一起案件中,耶和华见证会要求最高法院重新考虑市政税是否符合宪法。代表大多数人(其中包括布莱克)撰写判词的道格拉斯宣布税务条例因违反《第一修正案》和《第十四修正案》无效,而且在"西弗吉尼亚州诉巴尼特"一案中,最高法院以 6 比 3 的比例进一步推翻了戈比蒂斯的判决,这一次由杰克逊代表大多数人撰写了判词。

布莱克撰写了巴尼特案件的并存意见。他说道,"秩序井然的社会"不会允许个人拥有不受国家干预的"绝对权利"。然而,在否定戈比蒂斯案件论证的同时,他说道,"无论是我们国内和平的安宁,还是我们战争中军事上的努力,强迫幼小的孩子参加这一仪式,除了会给他们带来对精神谴责的恐惧之外别无其他。"强制"基于道德或宗教信仰原因不肯服从的人"参加"仪式","更像是破坏而非实现其本身的崇高目标",因此,州法律应该"最大限度地接纳与自由人社会一致的矛盾观点"。最后,他宣布,"遭强迫说出来的话除了证明人们的利己主义心理以外,什么也无法证明。对国家的热爱必须是从内心和自由思想中自发地涌现出来的情感,会受到公平地执行明智法律的鼓舞,而这些法律是由经人民选举出来的代表在明确的宪法禁令界限内颁布的。"

法兰克福特完全不同意最高法院推翻其对戈比蒂斯案件判决的决定。他承认,"历史上最受人诋毁、最受迫害的少数派"大体上无法对最高法院判词中的"一般自由主义的观点"提出异议。然而,这类观点与他对约束更为强烈的信念相背离。法院运用权力裁定州法律和联邦法律无效,并且在大多数案件中尊重立法者、执法者和最高管理者,这是十分重要的。他说道,在巴尼特案件中,问题在于哪一方更占优势:"是主张州在其一般能力范围内颁布并执行法律的一方还是主张个人因为良心上的要求拒绝遵守法规的一方。"最高法院应该拒绝对克制有利的激进主义，并支持大多数人的利益凌驾于个人权利之上。

法兰克福特的异议导致其与布莱克在正当程序条款问题上发生了更大冲突。1937年帕尔克案件的判决和1938年斯通的第四注解就已经引发了问题，即应该运用什么标准来控制《第十四修正案》的正当程序条款所保障的《权利法案》的地位。第一起国旗敬礼案件中只有首席大法官一人持反对态度以及后续的审判中最高法院的决议发生转变都揭露出这一原理有多么地模糊。与此同时，在早期各种案件的判词中，布莱克都表示，《权利法案》的特定部分都包含在正当程序条款中。从这一观点来看，法官保护个人自由的能力在扩大的同时也受到了限制。如果根据正当程序条款，法官必然会将《权利法案》应用到各州，那么他的权力就会增加。与此同时，这一权力无法超越那些相同条款字面上规定的范围。

然而，就连那些新能动主义分子的多数派也拒绝接受布莱克新提出的合并理论。结果，他没有公开明确地表述这一理论,不过他在对"贝茨诉布雷迪"案件表示异议的脚注中已经接近这样做了。1942年,最高法院对该案件进行了裁决,此时布莱克与道格拉斯正因为他们在戈比蒂斯案件中的投票闹矛盾。代表大多数人的罗伯茨认为,根据正当程序条款,《第六修正案》对请求律师帮助权的保障并不适用于各州。然而,布莱克持反对意见,道格拉斯和墨菲也站在他这一边,引用历史证据证明,众议院和参议院"制定"《第十四修正案》的目的就是"为了保障《权利法案》中设定的最基本的自由和保护免受各州政府的侵犯"。

这段时期内,布莱克和法兰克福特一直在讨论合并理论。在巴尼特一案中遭遇失败之后,法兰克福特写了一篇冗长的备忘录,向布莱克解释了他质疑最高法院的新能动主义,尤其是布莱克想法的大概原因。他认同"民主主义政治会出错,应该由反映大众意愿的机构来纠正其错误的观点",他建议最高法院通过"最大限度地"限制政府权力来限制其"非民主的特性"。他引用"最高法院中多数派不断变动"的模式为证,提出"哪九个修正案应该合并而哪些应该忽略"这一问题。布莱克对此回应道,正当程序条款的制定者的意图或许就是在引导最高法院应用这一合并理论。但这一说法并不能令法兰克福特信服,他大呼:"战争对我来说毫无意义,法律法规是由人类个体表达出来的,如果没有这类不同于并且超越于人类个体的法律法规,那么希特勒就是真正的先知。"

否定布莱克的合并理论是与战时自我克制主义和能动主义相关的纠纷之一。在对法官的自由裁量权进行限制的问题上也存在异议,大多数法官既不赞同布莱克的能动主义方法,也不赞同法兰克福特的克制观点。最高法院否决了各州政府对公民自由的限制,同时判定日裔美国人和破坏者的权利居于次要地位。它将克制主义和能动主义相融合,理清以往的判例,支持在保留少量国家管控的同时扩大联邦的经济管制。这些矛盾源自罗斯福的自由派最高法院的无能,导致联邦权力和个人自由同时扩大。

这段时期内,布莱克的私人生活也经历了困难。1944年,他在写给哈罗德·拉斯基的信中说道,在度过了"糟糕的四年"之后,布莱克夫人"似乎已经完全从那场大手术中恢复过来了"。"我的两个儿子现在在陆军航空兵团,不过令他们遗憾的是,他们两人因为身体上的缺陷——一个患有哮喘,另一个听力不佳,而失去了在前线战斗的机会。"据布莱克的妻子约瑟芬说,布莱克家族"没有一个月"不是应对着"大危机"度过的。事实上,看起来似乎他们已经"'买下了'乔治·华盛顿大学医院"。

然而,布莱克不可动摇的信念给了他力量。1944年,他在寄给小雨果的信中写道,"只要你是在尽自己的职责",并且"为了保持你自己的自尊而活着,在一时失意的时候保持清醒,我会为你感到骄傲,就好像你已经站在了艾森豪威尔将军的位置上一样。""除了有损名誉的事情以外,没有什么是真正让人丢脸的事情,如果一个人尽他最大的努力做到了最好,那么就算没有达成目标也绝对不是一件有损名誉的事情。"去欣赏"许许多多努力让其他人快乐的心地善良人们"也是十分必要的。他鼓励小雨果"冷静地看待你所看到和听到的,不要卷入只是为了争论而产生的冲突之中,无论何种情况下对所有人都要友好(即便是那些令你感到厌恶的人),因为你会有需要人们支持你的时候的"。1944年4月,他在写给斯特林的信中说道,"有许多证据证明当人类进步缓慢时,这种进步就是可靠的。尽管我们有可能在任何时候再度堕落,但是我认为,在我还活着的时候,这个国家正朝着更好地体现公正的方向前进。"此外,他发现,"根据长久以来许多政府事务的经历,我一直相信对所有人都一视同仁的[政府]总有一天会实现的,尽管牵涉公共服务的活动中仍会出现细微的政治错误。此外,我认为我们现在的政府比1789年的政府好多了,而且在1989年会变得更好"。因为人类本身就存在许多缺点,既有身体上的,也有精神上的,所有由这样的个人构成的社会不可能一夜之间变得完美。

布莱克决定落实这些价值观,从而造就了他在战争期间对自由主义做出的贡献。他试图通过强调由多数民主所确定的社会福利和由法院所保护的个人自由的广泛性保证之间互相依赖,从而解决司法能动主义和自我克制主义之间的矛盾。布莱克坚定地相信,只要调整不断转变的平衡,最高法院就可以维持,甚至加强新政自由主义。然而,布莱克对是松案件的判决以及他的合并理论无法获得认同再次确认了自由主义的困境难以解决。

第七章
冷战期间的自由主义
（1945年—1952年）

战后，新的国家安全压力迫使布莱克争取对政府进行更大的宪法限制。围绕着自由主义原则的斗争导致越来越多的人害怕共产主义的颠覆，因为这样的颠覆既威胁个人的权利也威胁社会的福利。随着布莱克的家人和朋友卷入这一冲突之中，他试图改变根据宪法定义个人自由和政府权力之间界限的明确惯例。然而，最高法院对自我克制主义的偏好促使他逐渐处于守势。

布莱克早前曾为密苏里州的参议员哈里·S.杜鲁门助选，而如今成为总统的杜鲁门面临着许多国内外事务的新挑战。已经接受了罗斯福依据军事需要制定社会福利政策的美国人渴望回归大萧条之前和平时期

第七章 冷战期间的自由主义(1945年—1952年)

的繁荣。布莱克意识到,强烈的国际敌对意识加强了杜鲁门领导美国实现这一目标的能力。与苏联结盟对于共同战胜希特勒领导的德国十分重要,但是在许多战后问题上彼此之间的不信任破坏了这种合作关系。与此同时,虽然对原子武器的垄断令美国在军事上处于优势地位,但是没有西方国家愿意与苏联交战。

国内的紧张局势也在不断加剧。虽然国会确立了通过经济顾问委员会来加强对经济政策制定的行政控制,以及扩大和平时期进行军事和反间谍活动的行政权力,但是总统的国内计划被延缓了。到1946年底,劳动力市场动荡、资源缺乏以及通货膨胀促使共和党国会多数派进行了1930年以来的首次选举。最大的失败是国会通过了杜鲁门否决的《塔夫脱—哈特莱法》(美国共和党参议员R. A. 塔夫脱和众议员弗雷德·哈特莱于1947年联合提出的劳资关系法案——译者注)。这一新法案对工会进行了限制,使得总统有权力发布任何禁令制止威胁国家安全的罢工行为,并授权他在罢工运动开始之前开启一段"冷静"期。同时也要求工会领袖发誓,他们既不相信共产主义的教诲,也不是共产主义政治组织的成员。

尽管南部的民主党人和激进的进步党人都放弃了民主党,但杜鲁门还是于1948年获得了连任。接着,他的许多福利计划赢得了国会的支持,其中包括扩大社会保障支出,增加最低工资以及扩大联邦对住房的支持。然而,对国家安全的重视使得这些得益都黯然失色。事实上,杜鲁门进行盛大选举的时候,正处于柏林危机时期。第二年,美国成立了北大西洋公约组织,来制止苏联在西欧的扩张。当苏联成功地引爆他们的首个原子弹装置时,美国的核垄断时代结束;除此之外,毛泽东打败了蒋介石领导下的国民党,将中国建设成为世界上人口最多的共产主义国家。1950年夏,共产主义支持的朝鲜进攻亲西方的韩国,与此同时,其他的共产主义和民族主义团体在东南亚与法国进行战斗。

布莱克认识到了这些国家安全威胁会如何转变成为对国内自由的威胁。在杜鲁门连任之后,由众议院的"非美活动调查委员会"和来自威斯康星州的共和党参议员约瑟夫·麦卡锡领导的相似的参议院委员会逐渐开始利用人们对共产主义越来越强烈的恐惧。总统实施了一项联邦忠诚计划,使得政府公职的录用依赖于宣誓不会与共产主义信念或者组织有任何关系。这一措施突显了全国各地对共产主义阴谋的恐惧。但是,区分牵连犯罪和蓄谋犯罪的问题导致了许多困难。杜鲁门的忠诚计划不仅仅是针对言论自由,也是针对阴谋集团。杜鲁门的计划认识到了这一差别。而麦卡锡没有,从而以牵连犯罪为由对许多无辜的人造成了伤害。与此同时,自由主义者模糊了这一问题,坚持认为这只是政治迫害。此外,众议院和参议院委员会的一些调查运用了布莱克在1930年代使用的那些策略,不过很可能他自己也没有看到这之间的联系。

这些不安延伸到了最高法院内部。国会调查和随后对阿尔杰·希斯做伪证的定罪将公众的注意力集中到了法兰克福特身上,他曾作为代表这位前国务院官员的品德信誉见证人出现在法庭上。几乎同一时间,朱利叶斯·罗森堡和埃塞尔·罗森堡因为将机密信息提供给苏联,从而推动了苏联的原子弹发展进程而被判有罪。道格拉斯和布莱克公开承认他们在备受争议之下试图让最高法院重新审理罗森堡夫妇的案件。此外,当国会驳回杜鲁门的否决,于1950年通过了《麦卡伦国内安全法》时,布莱克害怕仍会有更大的威胁危及个人权利。虽然这一措施没有剥夺对共产党的法律保护,但是它要求被指定为安全隐患的某些机构向政府登记并且公布他们内部的记录。

这场骚乱间接对布莱克家族造成了伤害。弗吉尼娅·杜尔和克利福德·杜尔是约瑟芬的妹妹和妹夫,他们常常受到攻击,因为身为律师的克利福德经常代表客户挑战忠诚宣誓或者因国会调查而出庭。在杜尔辞职以表示对杜鲁门的忠诚宣誓计划的抗议之前,他是联邦通信委员会的一名行政官员。他也加入了以为共产主义者辩护而闻名的组织——全国律师协会。此外,弗吉尼娅是1948年代表进步党参加美国参议院选举的一名候选人。

约瑟芬给予了她的两个亲人精神上的支持,这在他们的麻烦不断增加时变得越来越重要。1951年,克利福德被迫辞去了作为某工会代表律师的职务,他们的麻烦上升到了顶点。约瑟芬激动的情绪扰乱了她内心的平静,她曾努力通过学习基督教理论来平复自己。尽管如此,1951年12月7日,年仅51岁的约瑟芬在睡梦中因心脏病发逝世。

约瑟芬的离世彻底击垮了这位法官。当小雨果回到家时,他发现布莱克瘫坐在桌子后面,"我从未见过他那个样子。他只是坐着,眼睛直视前方,脸上布满了泪水,反复地磨着牙齿"。在美国阿灵顿国家公墓举行完约瑟芬的葬礼之后,布莱克开始从"抑郁不振、恍惚的状态中"挣脱出来。但是,这种伤痛没有丝毫缓解。或许是他做得不够,或许在约瑟芬每每与病魔抗争的时候他就应该辞去最高法院的职位。要是做一名执业律师的话,他完全能够有更多钱给她提供更好的医疗护理。

布莱克的孩子们正踏入他们生命的新阶段,更加接近公共事务的紧张局势。他们的女儿约瑟芬高中毕业,开始进入斯沃斯莫尔学院读书。雨果和斯特林各自完成了自己的学业:雨果毕业于耶鲁大学法学院,而斯特林毕业于哥伦比亚大学。两人都已结婚,各自开始从事法律工作:雨果在伯明翰,而斯特林在新墨西哥州的洛斯阿拉莫斯。布莱克以他的父爱和智慧辅导着他们,为他们提供众多历史和古典著作的参考,例如历史学家威拉德·赫斯特和约瑟夫·多尔夫曼,以及古典作家塔西佗和西塞罗。他曾一度强调塔西佗著作中的一段话,指出在这个世界上恐惧和绝望的气氛绝不是第一次出现。塔西佗曾写道,社会绝不会陷入"更焦虑、更惊恐的状态,人类绝不会对最亲的人提高警惕;人类害怕接触,害怕谈话:沉默和不信任会以相同的方式延伸至陌生人和相识的人,而这两种同样要避免——就算不会说话而且无生命的东西,如屋顶和墙壁也要以理解的态度对待"。

其他的密切关系使得布莱克更加感觉到了麦卡锡主义的威胁。佛罗里达州的参议员克劳德·佩珀是布莱克的远方亲戚兼老友,在布莱克进入最高法院之前,他曾和布莱克短暂共事过一段时间,享有"红辣椒"的称号,于1950年连任选举失利。布莱克的儿子雨果与杰尔姆·库珀合作开了一家律师事务所,主要代理各种工会的法律事务,在大众对工会劳工隶属于共产主义的恐惧所带来的压力下工作着。

杜鲁门政府要求公民权利立法也引发了冲突。1950年夏,布莱克质疑自己因对隔离案件的情绪较高涨而拜访亚拉巴马州的决定是否明智。

战后,自由主义陷入了危机。1933年起制定的国家政策中体现的一贯的个人特征和符号随着罗斯福的离世一并消失;国会内保守派的联合以及国家安全问题阻碍了杜鲁门社会福利政策的复兴,这类发展本身无法确保新政自由主义的消亡。在是松等案件的判决中,布莱克支持限制个人权利,因为他坚信他国家的敌人威胁着美国的民主政治和《宪法》。然而,此时出现了意想不到的挑战。他的家人和朋友(据他所知,他们都是忠诚的美国人)所遭受的苦难令他更加坚信,战后个人权利居于多数主义的民主政治之下是没有根据的。此外,布莱克认为像麦卡锡这样的领导人只是在利用公众对共产主义颠覆的恐惧来增加他们自己的权力。

最高法院的人员组成发生了变化。1945年9月,杜鲁门任命来自俄亥俄州的共和党参议员哈罗德·H.伯顿接替了罗伯茨的位置。第二年春天,斯通在法官席上阅读判词时突然倒地身亡。于是,布莱克成了最高法院最资深的成员,根据惯例,在杜鲁门任命战时行政官员兼前任联邦法官,来自肯塔基州的民主党人弗雷德里克·M.文森接替斯通之前,由布莱克接管首席大法官的职务。1949年,拉特利奇和墨菲去世,他们的继任者分别是杜鲁门的司法部长——来自得克萨斯州的汤姆·C.克拉克和布莱克的老朋友——来自印第安纳州的民主党参议员舍曼·明顿。

最高法院内部的冲突变得公开化。当斯通逝世，布莱克暂时接管首席大法官之职时，杰克逊在纽伦堡做了一个尖锐的公开声明，否认自己觊觎首席大法官的位置。此外，他揭露了针对朱厄尔·里奇的争论，其中，布莱克拒绝退出他前法律事务所合作伙伴代理的一起诉讼案件的审理。杰克逊在法兰克福特暗示（而非基于事实）布莱克到处游说意欲当上首席大法官的推动下才揭露这一事情。由于这一冲突登上了报纸头条，杜鲁门大呼"最高法院本身已经一团糟"。于是，他选择任命他的一位忠诚的朋友和能干的政治家文森为首席大法官，文森拥有"不可思议的缓和对立思想的本领"。

与此同时，最高法院内部产生了更深的分歧，尤其是在涉及个人权利和政府权力的案件上。紧接着日本人偷袭珍珠港之后，夏威夷州州长发布了戒严令，中止了人身保护令，并且将行政职责委派给了军事机构。于是，这个地方的军事指挥官关闭了民事法院，成立了军事法庭，在没有陪审团的情况下审判民众，并且剥夺了公民向联邦法院上诉的权利。在审查了夏威夷颁布的管理民事审判的法律以及戒严令的历史之后，布莱克在"邓肯诉卡哈纳莫库"(1946年)一案中判定这种军事行为违法。法兰克福特和伯顿以战时需要保证军事控制为由提出异议。布莱克在写给斯通的信中曾承认,总统在战争期间的权力对于保障作战区内的"公共安全"至关重要。然而,所有的证据证明,夏威夷州并没有受到直接卷入战争的威胁。米利根案判例对于德国破坏者案件来说十分重要,然而与此判例相反,军方根据完全不存在的"战时需要"实施了"极权主义计划"。

同样是在1946年,最高法院在毫无异议的情况下一致赞成疑似共产主义者享有不受国会骚扰的权利。战争期间,国会禁止向39名被指控为"疯子、激进的官僚主义者"以及"共产主义战线组织"的成员的联邦政府职员发放工资。罗伯特·M.洛维特等人向权利申诉法院起诉要求赔偿,而权利申诉法院作出了有利于国会的判决。于是,联邦政府上诉至最高法院,最高法院以"合众国诉洛维特"案立案审判,并由布莱克撰写了判词。他说道:"此案涉及的是国会剥夺了洛维特等人曾经拥有的政府职位。"布莱克认为这是一项剥夺公民权利的法案,19世纪末重建时期会将这些决定确立为违反宪法的"立法条例,是在没有司法审判的情况下就施加惩罚。"布莱克没有解决这一问题,即这个人是否有权从事政府工作,或者说剥夺这类工作的权利是否可以被称为"剥夺公民权利"。

布莱克很少关注战争期间美国敌人的权利。他同意是松案(1946年)的判决,支持成立特殊的军事法庭对违反战争法的日本帝国陆军总指挥官进行审判、定罪以及执行处罚,而墨菲和拉特利奇认为这种审讯违反了《第五修正案》的正当程序保障,布莱克否定了他们的反对意见。一年以后,在"豪普特诉合众国"一案中布莱克再次站在了大多数人这一边,赞成判定马克斯·豪普特犯有叛国罪并处以终身监禁的刑罚。豪普特的儿子是破坏者之一,这位父亲为小豪普特遮掩,帮助他买车并且在国防工厂找到了工作。这些"越轨行为"为叛国罪的指控提供了证据。然而,墨菲表示反对,认为应该运用更自由的标准来判定战争时期确立的叛国罪。

在"克瑙尔诉合众国"(1946年)一案中,布莱克与他更偏向自由论的同事们的意见再一次出现了分歧。最高法院赞成废除"彻底的纳粹分子以及阿道夫·希特勒的忠诚追随者"的国籍,这些人在战争之前便已经加入美国国籍,目的在于进一步发展德国的事业。墨菲和拉特利奇表示反对,因为他们觉得政府的行为威胁到了更加广泛的公民权利。在简短的交流中,布莱克解释道,在"公正审判"期间,克瑙尔自己的陈述确切无疑地证明,尽管他曾宣誓,但是另一方面他又"以同样狂热的热情"为德国服务,"激励来到美国的破坏分子发动战争"。

这些判决表明了冷战之初布莱克对公民自由的看法。在涉及那些直接或者间接与国家敌人有关者的权利的案件中,他遵从政府机构的决定。战争期间,《宪法》允许个人权利在大部分情况下居于国会权力和行政管理权之下。此外,由于宣战决定了国家的存亡会受到威胁,因此社会利益应该高于个人自由。然而战后,正如卡哈纳莫库案件的判决所表明的,这些相同的涉及国家安宁的问题要求尽可能地对美国公民的权利进行最坚定的保护。

然而,对国家安全和共产主义颠覆的恐惧使得布莱克处于守势。"美国通信协会诉道斯"(1950年)案源自工会拒绝遵守《塔夫脱—哈特莱法》中的反共产主义宣誓的规定。工会认为,这样的宣誓违反了《第一修正案》保障的言论自由和信仰自由。联邦政府称,这些法律要求代表了商务权力的有效行使,而这是《塔夫脱—哈特莱法》符合宪法的基础。首席大法官文森维护该法律。为表达异议,布莱克说道,文森的判决破坏了作为"绝对"权利的"思考自由"。"几个世纪以来的经验证明针对某一政治或者宗教团体的法律"会产生"怨恨和偏见,而这样的情绪会快速蔓延至超出控制的范围"。他认识到,犯下公然违反有效法律罪行的共产主义者应该和其他人一样受到处罚。然而,根据"协作关系或者从属关系"判定"罪行"并不公平。布莱克强调,《第一修正案》的基础是"在不剥夺或者惩处政治信仰、演讲、大众、集会或者党派关系的情况下自由组织公共机构"。

第二年,"丹尼斯诉合众国"案使得布莱克对个人自由的立场再一次经历了重大考验。在杜鲁门连任竞选活动期间,司法部根据1940年颁布的《史密斯法案》起诉了尤金·丹尼斯和美国共产党其他的主要领导人。《史密斯法案》规定主张推翻美国的行为均属违法,并且禁止阴谋进行这类行为或者加入任何支持这类行为的组织。在1949年的公开审讯中,政府指控共产党的理论基础违反了该法律对"主张"和"阴谋"的规定。由于联邦地方法院的说明对这些话进行了宽泛的解释,陪审团做出了不利于丹尼斯等人的判决。对于上诉,文森法院的大多数人认为没有必要"等到暴动发生,计划落实或者信号出现"。政府可以从"罪恶的严重性(这种罪恶或许未必存在)是否能够证明侵犯言论自由是避免危险的必要"这一方面来确定现存的明显危害的风险。

只有布莱克和道格拉斯表示异议。虽然他们不认同共产党的信条,但是他们反对在没有越轨行为的情况下起诉。道格拉斯注意到,联邦调查局已经对丹尼斯和每一个党派成员的行踪和日常活动了若指掌。因此,如果共产主义对国家安全造成威胁的话,那么逮捕他们是必然的事情。布莱克强调,审讯背后的真实动机是,美国共产主义的领导人"同意聚集起来讨论并公布某些想法"。文森的观点是"一种恶意的事前审查"会"削弱《第一修正案》的影响力,所以这只不过相当于对国会的告诫",只保护了那些不需要保护的"安全的或者正统的观点"。布莱克希望,在"较平静的时代,当前的压力、愤怒和恐惧平息的时候,这个或者之后的最高法院能够将第一修正案保障的自由回归到其在一个自由的社会中本应属于的首要位置"。

对于布莱克而言,道斯案和丹尼斯案的判决揭露了国家将共产主义颠覆看作当务之急的结果。布莱克承认,大多数美国人很可能有和他在1950年4月收到的一封信中所表达的相同的观点,这封信是一个素未谋面者寄给他的,信中写道:"共产党不仅仅是一个政治党派,它是斯大林意图占领世界的一个机构。"他的家庭成员和朋友的经历证明了这种恐惧感是如何造成牵连犯罪的,它破坏了个人自由所依赖的社会安宁。因此,尽管最高法院中的大多数人力图通过遵从政府对不受欢迎的信念的镇压来保护美国人,但是布莱克和道格拉斯则努力将有争议的理论主张和越轨的行动进行区分,以此来保护宪法的自由。保护美国民主政治最好的方法是允许共产主义者在思想市场上竞争。

布莱克最终确定了扩大总统权力的有效范围。朝鲜战争仍需要不断供应对军事力量至关重要的钢铁。1952年的冬天和春天,杜鲁门政府支持钢铁产业和钢铁工人工会之间进行合同谈判,以便避免出现罢工。

不过这次尝试失败了,该工会决定从 4 月 9 日开始进行全国范围内的罢工行动。杜鲁门对此的反应是,下了一道行政命令,授权他的商务部长查尔斯·索耶以政府的名义占有钢厂并进行运营。尽管总统要求国会采取行动,但是他的命令是基于布莱克在破坏者案件和是松案件中一再强调的那种暗含的行政管理权下达的。杜鲁门之所以这样做是因为国会的法令不会允许政府为了解决和平时期的劳资纠纷而接管私人财产。他拒绝运用《塔夫脱—哈特莱法案》的程序,因为这样会将授权的时间延长 80 天。

第二次世界大战期间,罗斯福曾依法占有私人财产,而布莱克支持这类做法正是因为国会宣布参战。威尔逊和林肯采取过类似的战时措施,也获得了国会的认可。朝鲜冲突期间,实际情况则并非如此。钢铁企业声称国会并没有正式宣战,并要求联邦地方法院发布禁令阻止总统的行动。考虑到国家的注意力全都集中在安全和和平时期行政管理权的相继扩大上,杜鲁门认为,就算在低级法院批准了企业的请求,他的做法仍是合法的。政府进行上诉,直到案件上达最高法院,即"扬斯敦板材和管材公司诉索耶案"(1952 年)。

布莱克撰写了主要的判词,肯定了低级法院发布禁令的权力。他承认,战争期间行政权力大于和平时期。然而,《宪法》授予了国会宣战的责任,在国会这样做之前,没有必要性因素可以证明总统占有私人财产是合理的。此外,布莱克反复强调,如果存在对国家安全的威胁,那么国会已经通过《塔夫脱—哈特莱法案》给杜鲁门提供了应对这一问题的方法。主张暗含的行政特权并不能模糊总统忽视了国会意愿的事实。"这个国家的创立者只将好时代和坏时代的立法权授予了国会,"布莱克说道,"置身于他们选择背后的对权力的恐惧和对自由的渴望,将证实我们支持该占有命令不成立的立场。"

虽然有五位法官的观点一致,认同将杜鲁门这次超出其权力的行动看作特殊事例,但是只有道格拉斯接受布莱克对分权的严格解释。另外四名法官对国会和行政权力之间界限的看法则比较模糊,他们表示考虑到不同的事实,很可能会支持总统。首席大法官文森和里德、明顿表示了异议,认为总统拥有广泛的自由裁量特权。"那些认为这是一起涉及超出权限范围行使权力的案件的人应该注意这些权力的行使都发生在不同寻常的时代。"文森说道。然而,杜鲁门自己的顾问们粉碎了这一观点,他们承认美国公众"从未相信"总统发布的需要"不间断地进行钢铁生产"的声明,而且"面对近来发布为跑道和保龄球道生产钢铁的消息,现在他们也不可能相信了。"

在涉及各州个人权利地位的案件中,布莱克遇到了更大的困难。"科尔格罗夫诉格林"(1946年)一案中出现的问题是,立法机构中代表名额的分配不均是否违反了《第十四修正案》的平等保护条款。由于自19世纪末以来,农村投票地区的人口相较于城市投票地区而言有所下降,因此国会和州立法机构中城市地区的代表名额出现了极大的不足。尽管如此,在4比3的局势中,法兰克福特站在了少数派这一边,认同最高法院应该克制自己,不要陷入"政治棘丛"的麻烦之中。然而,以布莱克为首的反对方声称:"这里涉及的是《联邦宪法》保障的投票权。在联邦保护的权利受到侵犯时,联邦法院将提供补救措施以纠正所犯的错误,这是一直以来的法则。"

布莱克也对《第一修正案》和《第十四修正案》之间的关系产生过疑问。在1943年第二个国旗敬礼案件出现戏剧性的转变之后,布莱克和大多数人运用正当程序条款对各州的权力进行了限制。然而,到了1949年,布莱克的能动主义逐渐被法兰克福特的克制主义所取代。在"费纳诉纽约"(1951年)一案中,一名犹太学生在街角用扩音器大声批评杜鲁门和其他公众人物,并且发表了黑人应该站起来,要求个人权利的观点。在人群中喊了几句威胁的话之后,警察要求费纳闭嘴。费纳对此予以拒绝,警察便将其逮捕并以扰乱社会治安罪论处。最高法院以5比4的比例赞成这次定罪,但是布莱克表示反对。他说道,警察应该保护费纳说话的权利,他们不应该屈服于大众的厌恶情绪。

在示威抗议的问题上,布莱克对言论自由的绝对维护得到了验证。布莱克认为,与符合宪法偏好的口头或者书面的表达方式不同,和平示威抗议是一种行为方式,只在其运用十分接近于传统演讲的情况下,才需要《第一修正案》保护。

其他对于《第一修正案》的质疑还涉及宗教条款的确立。托马斯·杰斐逊的立场是,教会和政府之间存在一面"隔断的墙",其中包括禁止对宗教教育施以税收支持。"埃弗森诉教育委员会"(1947年)一案涉及新泽西州的一项法律,该法律授权地方学校委员会将孩子们去公立学校或者私立的天主教学校上学所花费的公车费偿还给他们的父母。一位当地的纳税人指控学校委员会的计划违反了已设立的条款。在低级法院胜诉之后,该纳税人的控诉未能通过州最高一级法院的审核,因此他上诉到了最高法院。

布莱克代表大多数人撰写了判词。他说道,该案件存在的问题是州是否能够在不违反《第一修正案》已设立的条款的情况下提供这种特殊的公共服务。他认为这项税收开支相当于运用这类资金支持警察保护所有的孩子,保障孩子前往公立学校或者私立天主教学校路上的交通安全。布莱克回顾了这个国家与宗教机构相关的历史经历,得出的结论是《第一修正案》要求"州政府在其与宗教信徒和非信徒团体之间的关系上保持中立"。在这一案件中,州政府既不出钱也不通过其他方法支持教区附属学校。它只是提供了一个"普通的计划,帮助父母安全便利地接送他们去经认证的学校读书的孩子们,不管他们信奉的是何种宗教"。最终,布莱克宣布,隔离教会和政府的那堵墙"肯定高不可攀、固若金汤。我们不能允许出现丝毫的裂痕。在这一案件中,新泽西州政府并没有打破这堵墙"。

在埃弗森一案中,法兰克福特和另外两位法官与杰克逊一起提出了反对意见。"这个观点的潜在含义就是主张完全彻底地将教会和政府分离,"杰克逊说道,"这似乎完全与其支持混合教育问题的结论相矛盾。"其他人也赞同这一看法。一位卫理公会牧师跟布莱克说,"如果不能说完全是目光短浅或者愚蠢,那么只能说"他的判决"对于我们的民主政治而言是最不明智的"。一位匿名的评论家在写给布莱克的信中说道,之所以会有这样的判决,是因为有人图谋揭开遮掩对这位法官三K党问题指控的保护罩,以便支持"企业、工会、共产主义者"以及"在幕后"统治"我们的一些大城市的天主教等级制度,并且控制双方最大的办公资助"。

评论家们低估了布莱克为明确管理宗教机构的原则所付出的努力。布莱克和杰克逊一样不愿意打破隔绝教会和政府的这堵墙。与此同时,他确信明确安全受到威胁时政府中立的原则能够成功保证已设立的条款不可侵犯。毕竟,新泽西州的立法机构已经授权地方学校官员管理的资助机构不偏不倚地援助占大多数的公立学校和占少数的天主教学校。

在第二年的"麦科勒姆诉教育委员会"一案中,布莱克中立原则的局限性变得更加明显了。某州的法律允许在正常的上学时间内在学校的教学楼里进行宗教教育。根据"发布的时间安排表",父母已经在"要求卡片"上签字的学生由校外聘请的代表不同宗教信仰的老师进行授课。布莱克代表最高法院发表了看法,"毫无疑问"该政策违反了在埃弗森案件中所解释的已设立的条款。但是,在"佐拉奇诉克劳森"(1952年)一案中,最高法院支持纽约一项允许公立学校在"豁免时间"中列入宗教教育的法律,因为该宗教教育是在不受税收资金资助的单独的大楼中进行的。布莱克表示异议,他认为只有"完全将政府和宗教的范围进行了划分,而且强迫政府完全保持中立,才能够保证每一个人和每一个教派以及所有非信徒的自由"。

布莱克一直在寻求将《第一修正案》运用于各州政府的管理规则,他的这种探索引发了更大的冲突。法兰克福特信奉司法克制奠定了其立场的基础,即通过正当程序条款适用于各州政府的自由权类似于《权利法案》中的那些自由权利。因此,法官可以任意将大多数人的利益置于个人利益之上。然而,布莱克表示反对,他认为在正当程序条款中发现的权利和在前八个修正案中找到的权利是完全相同的。因此,法官一定会按照《权利法案》中明确要求的程度不偏不倚地保护个人的自由。他认为,完全合并会限制法官的自由裁量权,增加个人的自由。合并理论令法兰克福特等人大吃一惊,因为实质上,《第十四修正案》中的正当程序几乎可以无限地延展。但是,布莱克不认为从字面上来看,严格地依据《权利法案》会对法官形成约束。

在"亚当森诉加利福尼亚州"(1947年)一案中,布莱克在其表示反对意见的陈述中发表了他的合并理论。这一案件提出的问题是,鉴于《第五修正案》反对自证其罪,是否可以采纳州法院判定为谋杀罪案件的审讯中所使用的证据。最高法院认为,根据正当程序条款,该修正案不适用于各州。布莱克提出了相反的意见,认为整个《权利法案》对各州均有限制作用。"我将追随我所认为的《第十四修正案》的最初目的,"他说道,"将《权利法案》的完全保护扩展到这个国家的所有人身上。我坚持认为,最高法院能够决定执行《权利法案》的哪一项规定(如果有的话)以及如果执行的话,到何种程度才算是破坏书面《宪法》的伟大设计。"

最高法院对布莱克的理论的反应形形色色。在"沃尔夫诉科罗拉多州"(1949年)一案中,法兰克福特的观点是,尽管《第四修正案》本身并非正当程序条款的一部分,但是对各机构任意搜查和逮捕情况的基本保障确实适用于各州。在"罗勤诉加利福尼亚州"(1952年)一案中,最高法院进一步宣称,尽管运用洗胃器进行取证的过程受到了医学监督,但是这实在太令人震惊了,违反了正当程序条款。从完全合并理论的角度来看,布莱克认同这两起案件的判决,但是他反对以《第四修正案》为基础作出判决,因为其"不合理"的措辞过于模糊,以至于无法对各机构作出有效的指引。这两位法官观点上的分歧减弱了布莱克保护个人权利并且主要将其作为拯救民主自身的方式的力度。

讽刺的是,威胁某些公民自由的相同的冷战局势却助长了种族隔离的腐蚀。1945年之后,全国有色人种协进会发起的诉讼案比之前更多。杜鲁门的司法部参与了其中的一些案件。在"谢利诉克雷默"(1948年)一案中,布莱克和最高法院一致同意推翻私人契约中的限制性规定,判定禁止向少数种族和少数民族售卖产权的规定违反了《第十四修正案》的平等保护条款。在这起案件中，政府支持公民权利的理由是"美国一直因为发生在国家内的歧视行为而在外交事务中处于窘境"。

布莱克透露他十分担心美国种族主义会对推翻加利福尼亚州对日裔美国人的财产权的限制性规定的判决产生影响。当墨菲运用大量的说辞谴责这类判决"终结了正确的种族歧视"时，布莱克表示"更轻柔的风"所起的作用就如国外不对"我们造成危害"一样。布莱克注意到，总统新成立的"公民权利委员会"的一篇在政治上颇具争议的报告提出了类似的论证，该委员会反过来影响了司法部对于隔离南方铁路餐车服务的立场，最高法院在"亨德森诉合众国"（1950年）一案中表示支持该立场。

此时，最高法院面临着种族隔离的转折点。据布莱克和其他三名来自南部的法官最初所知，南部地区拒绝从根本上支持平等的公共教育，这一态度对美国黑人的社会福利、经济机会和自尊造成了危害。最高法院在"普莱西诉弗格森"（1896年）一案中确立的隔离但平等的原则为公共教育以及生活中其他领域的种族歧视提供了宪法基础。1938年,最高法院对普莱西一案的原则进行阐释,首次认定密苏里州不允许黑人进入当地法学院学习的规定违反了宪法,此时的布莱克还只是最高法院的一名新人。然而,直到十年之后,最高法院才要求俄克拉何马州的公立法学院录取一名黑人女性埃达·洛伊丝·斯普尔,认为仅仅因为种族而将其排除在外不符合在普莱西案件中确立的规则。

两年后,全国有色人种协进会就两起新案件进行上诉时,最高法院内部发生了分歧。"麦克劳林诉俄克拉何马州"一案涉及该州研究生教育课程中的种族隔离,而"斯韦特诉佩因特"一案牵涉到得克萨斯州法学院。这两起案件促使最高法院推翻了在普莱西案件中确立的原则。由此最高法院内部产生了极深的分裂。文森倾向于支持得克萨斯州,但不支持俄克拉何马州,同时回避任何有关普莱西案件的直接问题。道格拉斯拒绝审理这两起案件。布莱克以研究生教育中进行种族隔离是不正确的做法为由赞成对这两个州施以处罚,但是他没有考虑到彻底推翻隔离但平等原则的时机已经成熟。渐渐地,最高法院在与布莱克的立场相一致的一个折中方案上达成了共识。最高法院一致判定，种族隔离的研究生教育违反了《第十四修正案》的平等保护条款。然而，这里并没有提到推翻在普莱西案件中确立的原则。

对于布莱克而言，种族隔离案件是自由主义内部更加广泛的紧张局势的一部分。国际压力带来的政治紧张状态促使国会内的保守派联盟和总统倾尽政府全部的力量来应对共产主义的颠覆。布莱克强烈要求限制总统在和平时期的紧急特权，建立国会权力和行政权力之间的严格界限并且将《权利法案》作为一种免受政府干预的绝对保障。然而，到了1952年，布莱克通常是作为持异议者，呼吁更多的个人自由（而非相反）来拯救美国的自由主义。尽管如此，在战争时期涉及敌人的案件中，墨菲和拉特利奇主张扩大公民自由；布莱克认为个人权利和社会福利是互相依赖的。麦卡锡主义为了保护民主政治侵犯了个人自由，实际上已经破坏了民主政治依赖的权利。布莱克对人性不变的信念使他相信减弱恐惧的最好方法便是通过明确的宪法条例保障更大的自由。随着杜鲁门总统任期结束，布莱克看到了自由主义在全国有色人种协进会为公民权利而奋斗的斗争中复兴的希望。

第八章
前途未卜的革命
（1952年—1960年）

1952年之后，布莱克对最高法院历史上最具革命性的民权判决，做出了杰出的贡献。与此同时，尽管最高法院所支持的判决结果与布莱克对人权法案辩护相一致的案例越来越多，但最高法院却将布莱克为实现这些结果所主张的宪法原则弃之一边。这种冲突反映了这个国家对大政府和自由主义本身模棱两可的态度。

毫无疑问，布莱克带着矛盾的心情目睹了杜鲁门政府最后一段时日。他在扬斯敦钢铁公司总统权限案上的观点，是对一直以来努力维护自由主义的杜鲁门总统的激烈责难。当参议院佩特·麦凯伦，麦卡锡主义的主要鼓吹者，对来自阿拉巴马"我们前同僚"的决定赞誉有加时,布莱克却忧心忡忡。实际上,布莱克早已觉察到总统"心烦意乱"的状态,为此,他还在他的宅邸为总统和最高法院的同僚们特意举办了一次聚会。"我们都去了,并且灌了哈里·杜鲁门很多波旁威士忌酒,"道格拉斯说道,"他并没有改变主意,但他起码在那几小时里感觉好多了。"之后不久,随着德怀特·戴维·艾森豪威尔当选总统,民主党结束了长达二十年之久的统治。

此外,最高法院1950年一系列废止种族歧视的判决所导致的矛盾冲突与日俱增。布莱克也关注到这一动向,他在参议院和司法系统的前同事,南卡罗来纳州州长,詹姆斯·弗朗西斯·伯恩斯,居然也批评种族隔离对社会所带来的侵蚀,对此布莱克毫不惊讶。根据一份北卡罗来纳州的报纸报道,布莱克指出,伯恩斯"宣称,如果美国最高法院下令废除公立学校的种族隔离",那么南卡罗来纳州就会"废除其公立学校"。

最高法院根据文森的观点对《第十四修正案》的普莱西原则进行了限制,以便废止研究生院的种族隔离。在这些判决的激励下,全国有色人种协进会对小学内的种族歧视进行了抨击。为了努力证明种族不平等覆盖范围的广泛,全国有色人种协进会在南卡罗来纳州、弗吉尼亚州、特拉华州、堪萨斯州和华盛顿同时发起了诉讼,认为种族隔离是错误的,因此普莱西原则也是错误的。1952年12月,这些案件送达最高法院。最高法院以堪萨斯州的诉讼案"布朗诉教育委员会"为名对这四个州的案件进行了综合审理,同时单独解决华盛顿的"博林诉夏普"案中出现的联邦问题。

布朗案使得法官之间产生了"严重的分裂"。布莱克、道格拉斯以及或许其他两到三名法官想要彻底推翻普莱西原则,然而文森、法兰克福特,很可能也有里德和杰克逊则不愿意这么极端。文森认为,彻底推翻普莱西原则,而非如最高法院只在研究生教育案判决中所实施的对该原则的应用进行限制的措施,将意味着"在某些地区完全废除公立学校。"此外,就连那些同意布莱克观点的人也不能提出建议,说明最高法院应该如何实施终止55年多以来的社会和法律惯例的判决。这场争辩十分棘手,以至于1953年6月,最高法院命令双方提交补充的摘要,并将进一步的论辩推迟到了十月份。

在重新审议这五起案件之前,最高法院对布莱克针对"特里诉亚当斯"（1953年）案提出的观点表示不认同。1944年最高法院宣称，南部各州所有的白人预选都违反了《第十五修正案》。特里案是得克萨斯郡的候选人通过众所周知的名为"松鸦"的私人俱乐部参加选举，该俱乐部明确将非裔美国人排除在外。布莱克认为，即便这一程序是通过一个私人团体进行的，但是其运作直接牵涉选择候选人的公开过程，因此根据《第十五修正案》，该选举过程无效。虽然九名法官中有八个人都接受了这一判决，但是两个同时出现的相互独立的观点以及一个反对意见向布莱克的推论发起了挑战。此外，在应该运用什么标准来管理实施松鸦案判决的问题上，法官们都有不同的看法。

接着，1953年9月8日，原计划重新商议废止种族歧视案件前四周，首席大法官文森辞世。参议院迅速认定加利福尼亚州州长厄尔·沃伦为他的继任者，因此，最高法院又将布朗案和博林案的重新审议推迟到了12月初，以便沃伦有时间研究这些案件。沃伦知道，任何判决都存在争议，不仅是因为与种族平等本身相关的情感，也因为南方在国家政治中的影响力。此外，布莱克承认推翻普莱西原则将意味着"南方政治自

判定"布朗诉教育委员会"(1954年)案的沃伦法院成员©亚拉巴马大学法学院,邦兹法律图书馆,雨果·布莱克收藏品

由主义的终结",而且也会令极端主义者"现身",加入论战。三K党也会乘机"再次崛起"。然而,种族隔离给了苏联一把强有力的冷战宣传武器。

因此,最高法院仔细考虑了艾森豪威尔政府对布朗案和博林案的回应。"跛脚鸭"杜鲁门司法部曾提交一份摘要,表示支持废止公立学校的种族隔离。艾森豪威尔允许他的司法部提交一份摘要表达与其民主党前辈一致的立场。艾森豪威尔政府的举动有助于缓和文森去世时最高法院内部的不和。在布朗案的重新审议期间,最高法院的成员并没有为难全国有色人种协进会的首席顾问瑟古德·马歇尔。相反,他们反复询问政府的副司法部长J.李·兰金(J. Lee Rankin)如果推翻普莱西原则应该以什么标准来管理废止种族隔离的执行。兰金指出,控制实施的规则"应该包括以从容不迫的速度处理事情的原则"。

在12月的审议之后,很明显越来越多的人认同隔离并不平等的观点。布莱克和法兰克福特一致强调种族隔离案件中一致判决的重要性,以便建立公众对最高法院的支持。因此,1954年初,沃伦设法让布朗案获得一致通过。在经过大量的研究之后,法官们得出结论,《第十四修正案》制定者的意图太过模糊,以致于无法为取得共识提供足够的论据。与此同时,全国有色人种协进会提供了社会科学数据,表明公众教育中的种族歧视伤害了黑人孩子的自尊,这影响了最高法院的裁决。布莱克对这一证据尤为感兴趣,因为他作为律师和公务人员所取得的成功在很大程度上源于他由衷地了解个人的社会地位和社会福利的重要性。此外,沃伦对他的工作伙伴的裁决提出了要求,强调自第二次世界大战起最高法院的判例就是朝着废止种族隔离前进的。

然而,最重要的是,这位首席大法官强调,最高法院应该将废止种族隔离的管理执行标准的决议推迟。在法兰克福特的帮助下,他让法官们相信,全体一致同意推翻普莱西原则将加速稍后执行法令的制定。

到了1954年5月17日,沃伦获得了布莱克和法兰克福特一致认为至关重要的全体一致通过。在布朗案中,他代表所有法官宣布"公共教育领域内不得实行'隔离但平等'原则,独立的教育设施本身也是不平等的"。"因对种族隔离表示不满而引发的"四起诉讼案件被合并为布朗案,这些案件中的黑人孩子一直"被剥夺了受到《第十四修正案》保障的平等的法律保护权"。沃伦将全国有色人种协进会的社会科学数据看作重要的证据,主要依据的是1950年的研究生教育案的判决先例。他要求南方各州、司法部和全国有色人种协进会提交有关最高法院应该如何制定执行法令的合理标准的摘要。

同一天,在"博林诉夏普"一案中,沃伦宣布华盛顿公立学校中的种族隔离不符合宪法规定。他遵循了布莱克和法兰克福特对于隐藏在《第五修正案》的正当程序条款背后的平等保护的宪法原则的理解。用布莱克的话来说,他的合并理论已经证明了这类司法能动主义的合理性。他说,沃伦对于博林案的判决"只不过是意识到了从这个国家创立之初便明白的东西,以及许多《第十四修正案》的起草者所共有的理解,即整个《权利法案》,其中包括《第五修正案》的正当程序条款,保障的是所有人都能在此法律的保护下获得平等的待遇"。

正当最高法院聆听有关布朗案中执行法令的争论时,公众压力剧增。南方腹地的民众对该判决的反对十分激烈,因此亚拉巴马州、乔治亚州、路易斯安那州和密西西比州拒绝提交摘要。那些满口答应的南方各州也只是在拖延时间。布莱克在写给小雨果的一封信中表达了他对这种情绪的认识:"你觉得现在可能不是我探访伯明翰的最好时间,我想你是对的。"他写道。或许最令布莱克难过的就是拒绝他那一届法学院毕业班五十周年重逢聚会的邀请。

艾森豪威尔明确反对布朗案的判决。相反,这位总统反复表示,他不相信"你们可以运用法律或者判决来改变人们的心"。然而,事实上,他下令迅速在华盛顿的公立学校执行"博林诉夏普"案的判决。当南部的民主党人因为约翰·马歇尔·哈伦支持公民权利而阻止批准他担任最高法院助理法官一职时,艾森豪威尔的立场也十分坚定。1954年10月,杰克逊法官逝世之后,总统任命了来自联邦上诉法院的共和党人哈伦接替他的位置。

1955年4月,最高法院最终召开会议讨论了如何执行布朗案的判决。虽然法官们在许多细节上没有达成共识,但是大多数人都认同布莱克的观点。他认为"我们说得越少,我们做得越好",因为南部各州会极度不情愿地接受废止种族隔离的命令。他也认同有必要全体一致通过某项判决。最后,他强调,最为重要的是最高法院应该发布其能够实施的法令。

法兰克福特的作用也十分重要。他主张副司法部长在1952年初就用"以从容不迫的速度进行"这句话所概括的就是最终应该用来指导法令执行的原则,从而带来了全体一致通过的结果。最高法院的其他成员绝不可能知道,这句模棱两可的话就是政府摘要的核心,这得益于法兰克福特将这句话告诉了司法部的检察官菲利普·埃尔曼,他也曾是法兰克福特的法官助理之一。这个"花招"就是制定出的"规则不会过于宽松,招致规避,但会留有足够的空间以便应对多种多样的难题"。虽然有些法官希望确定废止种族隔离全面完成的具体日期,但是法兰克福特认为,这样的举措"往往会疏远而非赢得有利的或者可培养的地方情绪"。

布莱克和法兰克福特的观点影响了于1955年5月31日公布的沃伦法院对布朗案的第二次判决(布朗Ⅱ)。最高法院将执行布朗案的"宪法原则"的责任交给了联邦地区法官,期望他们能够"实事求是并灵活地"处理"各种各样的地方问题"。在向废止种族隔离的学校过渡的这段时期内,"毫无疑问,绝对不可能仅仅因为别人不认同就放弃这些宪法原则"。与此同时,虽然,学校机构被要求"立即合理地开始"遵从这些原则,但是这些话的含义要由地方法官来决定。在切实可行的时候尽早开展废止种族隔离的行动,但是在出现"行政"问题的地方,允许推迟进行。最后,沃伦简短的判决的本质都在结束的一句话中进行了概括。这四件以布朗案为名进行综合审理的案子被发回到各低级法院,由各低级法院发布要求"在对任何种族一视同仁的基础上以从容不迫的速度"向黑人学生打开公立学校大门的法令。

"从容不迫的速度"的概念本身就模棱两可,从而激发起了反抗。在华盛顿、巴尔的摩等一些上南部的城市,地方官员几乎一接到命令就开始为废止种族隔离制定计划。然而,绝大多数旧邦联各州的反应从什么都不做到直接反抗各不一样。在布朗案第二次判决之后的一年里,大多数南部的美国国会议员和参议员签署了《南部宣言》,发誓"用尽一切法律手段撤销这一与《宪法》相背离的判决并且阻止使用武力来执行该判决"。大多数南部的立法机关通过了干涉决议,利用州主权自治的思想取消了布朗案的判决。许多南部的主要政治家许诺废除公立学校,而非允许混合教学和"种族混杂"。南部大规模的反抗表明,一场重大的对抗在所难免。

艾森豪威尔对布朗案第二次判决的反应并不是支持。联邦政府四月发布的简报宣称,"实现完全遵守最高法院判决的责任"不应该"只落在司法部身上。每一个官员、政府机构、联邦机构、州机构和地方机构都同样有执行《宪法》及其保障权利的职责"。然而,令布莱克惊愕的是,当得克萨斯州和田纳西州的地方官员阻碍废止种族隔离的执行时,联邦政府拒绝干预。

此外，布莱克亲眼见证了联邦地方法院面临的首批困难。1956年初，大学机构和白人暴徒强迫第一个被亚拉巴马州大学录取的黑人学生奥瑟琳·卢西退学并最终开除学籍。布莱克法官被无辜地卷入了这次失败的诉讼案，亚拉巴马州联邦法院的判决赞同公务人员的行为。如果联邦政府支持这次起诉的话，或许能得到有利的判决结果。事实上，在阿肯色州的霍克西，这段时期内发生过这样一个案例，该地的司法部介入帮助执行联邦法院的命令，尽管遭到了强烈的反对，但是仍然成功废止了种族隔离。

在其他领域，国家仍然保留，甚至扩大了新政自由主义的利益。由共和党人掌管的联邦政府将社会保障体系扩展到涵盖了另外的一千万人并且将失业补偿扩展到四百万人以上，而且提高了最低工资以及联邦对教育和住房的援助。这些政策不论种族适用于所有的美国人。

与此同时，共和党政府在解决其他方面的种族歧视问题上所取得的进步则较小。1955年至1956年期间，共和党政府对州际交通工具上隔离的公共住宿实施了强制性的"州际商务委员会"禁令。年轻的马丁·

路德·金在亚拉巴马州的蒙哥马利领导了一场联合抵制运动,促成最高法院发布法令废止公共交通工具上的种族歧视,联邦机构对此表示支持。此外,1957年《民权法案》的颁布加强了南部司法部门对投票权的执行力度。

但是,布莱克不禁注意到,艾森豪威尔的中庸反映出自由主义的困境。和罗斯福的新政一样,这位总统对大政府的扩张提高了白人以及黑人美国人的福利和机遇。此外,南方人默许非裔美国人的相对的经济增长,只要这种增长基本上不会对白人至上主义产生威胁。1950年代期间,艾森豪威尔政府想要赢得北部城市黑人选民的支持以战胜共和党,但是也试图利用南部因杜鲁门支持公民权利而产生的恐惧感。于是,总统做了让步。虽然他支持对种族隔离进行适度地限制,但是他不赞同联邦大力执行布朗案的判决,因为这正中种族歧视的要害。

这些紧急情况将执行布朗案判决的主要职责交给了联邦法官。当提到初级和中级公立教育(除了联邦机构在华盛顿完全控制的领域)时,艾森豪威尔政府的官员对布朗案第二次判决的标准的解释是,其一般的含义为联邦法院将在行政部门的些许帮助下废止学校的种族隔离。身为美国第五巡回上诉法院的首席法官（管辖范围包括从佐治亚州到得克萨斯州的所有南部腹地各州），布莱克深知联邦法官所面临的随之而来的孤立无援。

发生在阿肯色州小石城的大规模反抗是最显著的例子。1958年夏，最高法院召开了20世纪仅有的第三次特殊会议，对"库珀诉阿伦"案进行审理。这起案件牵涉到一场开始于1957年9月3日的学校废止种族隔离的斗争。州长奥瓦尔·E.福伯斯引起了全世界的关注。他声称市民骚乱会对城市造成威胁，于是不顾联邦法院的废止种族隔离法令，命令国民警卫队阻止九名黑人学生进入中央高中就读。在长达三周的时间里，福伯斯、艾森豪威尔、地方教育委员会、该市的非裔美国人团体、全国有色人种协进会、偏激的种族隔离主义者以及联邦法院陷入了僵局。9月20日，联邦法院发现这位州长的言辞涉嫌毫无根据地引发混乱，此时福伯斯才答应撤离国民警卫队。但是，这九名黑人学生于9月23日入学之后，一些煽动者在学校外面煽动群众，迫使这几名学生退学。第二天，艾森豪威尔总统派遣了作战的空降部队,强制实行了联邦法院最初的废止种族隔离的命令。

虽然学年期间,部队一直驻守在学校,但是一伙支持种族隔离主义者的学生仍反复残忍地殴打黑人少年。为了结束这一冲突(而非保护黑人学生的权利),小石城学校的官员向联邦地方法院提出将废止种族隔离的执行期推迟两年半的时间,该请求获得了批准。在全国有色人种协进会将"库珀诉阿伦"案提起上诉时,福伯斯也开始为连任开展助选活动。福伯斯宣称,如果最高法院要推翻法院的新裁决,那么他会立即要求州立法机构颁布法令,允许废止了种族隔离的公立学校关闭,并且利用州基金资助只收白人的私立学校。

小石城是执行布朗案判决的首个重大考验。事实上,这一次最高法院的九名成员史无前例地共同签署了库珀判决,一致同意福伯斯和州政府的行为违反了宪法。最高法院表示,这些骚乱"直接归咎于"阿肯色州各机构的反抗,"这表明是他们自己决定反对最高法院对布朗案的判决"。此外,最高法院称,"州立法者或者州行政机构或者司法官员既不能直接且公开地剥夺"黑人孩子的权利,"也不能通过种族隔离的规避方案间接剥夺他们的权利"。

小石城的对峙加剧（而非减弱）了反抗。就算在戏剧性地派遣空降部队期间，艾森豪威尔也没有表现出维护布朗案判决原则的态度。"我们个人对该判决的看法与执行问题没有关系。"这位总统说道。这一观点与三周对峙期内他的坚定主张一致，即只要福伯斯遵从联邦法院的命令，他就会给福伯斯"一切机会有秩序地撤退"。因此，正如布莱克所说，艾森豪威尔让人明显觉得，只有在迫不得已的情况下，他才会执行废止种族隔离法令。

布莱克很可能不知道全部的真相。在9月审理的福伯斯利用国民警卫队阻止中央高中废止种族隔离的案件中，司法部拒绝将决定性证据呈堂，这些证据证明在危机之前和危机期间，司法部、学校官员、一名联邦法官以及福伯斯自己暗中接触，商量以对州长的政途有利的方式结束这场对峙。与此同时，司法部曾暗中试图说服全国有色人种协进会代表九名黑人学生撤销控诉，不过没有成功。拒绝使用这一证据以及秘密协商都让福伯斯清楚地了解到，只有在穷途末路的情况下，艾森豪威尔政府才会执行废除种族隔离法令。

在最高法院做出判决以及州长获得连任之后,福伯斯关闭了市里的多个高中。直到1959年春,地方白人温和派与黑人合作动员支持特殊的学校委员会选举,福伯斯才最终落败,许多学校才对黑人学生敞开了大门。然而,这次成功体现了多种不同的价值。温和派只支持执行布朗案的判决,他们宣称,这是"公开宣布的法规",因此"对我们也有约束作用。我们认为这一判决是错误的,而且该判决史无前例地以心理学和社会学为基础推翻了成文法"。但是,"我们必须诚实地认识到,因为最高法院是这个国家的终极法院,所有它所发布的法令必须付诸实践,直到出现纠正错误的宪法修正案或者直到最高法院改正自己的错误。"

面对小石城的危机,最高法院也陷入了混乱。法兰克福特和布莱克因为"库珀诉阿伦"案陷入了僵局。法兰克福特坚定地认为,如果法院能够鼓励该地区的白人温和派律师(其中有几个人是他曾在哈佛大学教导过的学生),那么它就可以激发起南方大众支持布朗案的判决。他鼓励最高法院在库珀案的判决中发出这样的呼吁。而布莱克反对这样的想法。他认为,温和派比较分散,而且他们的势力相对较弱。此外,只有在旷日持久的混乱之后以及黑人团体的协助下,温和派才有希望成功。尽管如此,法兰克福特仍然坚定不移,而且最高法院中的大多数人最终勉强同意了他撰写的并存意见。布莱克对于一致的中断感到十分愤怒,以至于他威胁要写异议意见。然而,沃伦说服了他,跟他说这样做会适得其反。

这次冲突表明了代表平等公正的司法能动主义的局限性。在首席大法官沃伦的协调下,最高法院达成了一致的意见,都认为是时候推翻普莱西案中确立的原则了。但是,布朗案第二次判决中制定的模糊的执行标准引起了意想不到的反抗。结果,从小石城可以看出,除了大多数极端的情况之外,事实上,最高法院和联邦法院面临着来自南方的巨大反抗。

讽刺的是,此时,最高法院开始朝布莱克对《权利法案》的看法转变。1957年6月17日,法官们拒绝在国内安全的情况下限制公民的自由。在四个不同的判决中,布莱克重新获得了大多数人的赞同,废除了政府对个人权利的限制。在"耶茨诉合众国"一案中,最高法院推翻了对几个共产党成员密谋颠覆美国的定罪。最高法院从根本上接受了布莱克对于越轨行为和只是倡导之间的区别,认为共产主义者宣扬的抽象学说"完全不同于具体的行为,以至于不能将其看作1951年丹尼斯案中判定的教化预备行为进行定罪"。在"沃特金斯诉合众国"一案中,法官们推翻了对一位拒绝在众议院非美活动调查委员会面前就关于共产党中熟识的人作证的官员的定罪。在另一起案件的判决中,最高法院推翻了新罕布什尔法庭对一位大学讲师因拒绝回答州立法调查委员会提出的与进步党有关联的问题的定罪。最后,最高法院驳回了因为联邦忠诚调查委员会不恰当地怀疑驻外事务官员的忠诚而引起的免职诉讼。

自从罗斯福的法院填塞计划以来,能动主义的胜利导致"司法权力受到了最根本的挑战"。印第安纳州的参议员威廉·E.詹纳提出了一个法案,以此来限制最高法院的司法权。詹纳对沃特金斯案的判决尤为担忧,他说这会"严重削弱(如果谈不上是完全粉碎的话)国会的调查权力"。詹纳的行为是南部布朗案判决的反对者和麦卡锡主义的支持者所引导的对最高法院更加广泛的抨击的一部分。一位亚拉巴马州的国会议员将布朗案的判决推翻国家实施的种族隔离与共产主义者的颠覆作怪联系了起来。布莱克以及沃伦和道格拉斯一起被挑出来进行批评,这件事中不仅仅只有南方人参与。菲尼克斯的律师威廉·H.伦奎斯特公开批评布莱克和他的同事们是"左翼分子","宪法如何解释由他们说了算"。最后,面对艾森豪威尔政府的反对,詹纳提出的法案只得无疾而终。然而,布朗案的判决和1957年6月17日的判决所燃起的愤怒反抗并没有减弱。

因此,在1960年之前,布莱克在国内安全案件上的日益成功显得有些微不足道。在"巴伦布莱特诉合众国"(1959年)一案中,最高法院判处一位拒绝回答传闻中他与共产党的关系等相关问题的教授藐视法庭罪。布莱克表示反对,认为大多数人因为运用利益衡量原则而排斥沃特金斯案所传达出的精神,根据利益衡量原则,政府的权力高于《第一修正案》。

在其他以《第十四修正案》为基础,涉及被告人权利的案件中,布莱克也遇到了类似的质疑。在"格里芬诉伊利诺伊州"(1956年)一案中,最高法院审查了该州根据支付再次产生的庭审笔录成本的能力,来决定提起无资本的犯罪上诉的规定。两名被判处持械抢劫罪的穷人因为没有能力支付这一成本而被剥夺了上诉审查的权利。最高法院的投票结果是5比4，布莱克代表大多数人认定该州的要求违反了《第十四修正案》的正当程序和平等保护条款。然而，第二年在"布赖特豪普特诉艾布拉姆"一案中，布莱克试图扩大该修正案的正当程序保护力度，而最高法院却对他的努力形成了阻滞。在布莱克表示反对的情况下，最高法院判定新墨西哥州根据当局在当事人不清醒时所取的血液样本的测试结果判定此人罪名的行为没有违反正当程序条款。

形成最高法院的判决与布莱克的立场相互矛盾这一局面的因素有几个。艾森豪威尔任命了五位成员进入最高法院。除了沃伦和哈伦之外，他选择了时任新泽西州最高法院法官的民主党人小威廉·J.布伦南以及时任联邦法官的共和党人查尔斯·E.惠特克和波特·斯图尔特接任退休的明顿、里德和伯顿的位置。尽管人员有所变动，但是文森就任之后一直以来保持的那些支持能动主义或者克制主义者之间的平衡仍然存在。沃伦和布伦南与布莱克和道格拉斯一样基本上支持扩大个人权利。哈伦、惠特克和斯图尔特通常跟随法兰克福特和克拉克支持克制主义。

这样的分歧并不影响逐渐转变为布莱克认为合理的结果。然而,在巴伦布莱特案、格里芬案和布赖特豪普特案中,他们也支持相反的结果。虽然国民仍然对共产主义颠覆存有恐惧,但是艾森豪威尔政府觉得足够安全,足以采取与詹纳的提案相对的立场,能够确保该提案的失败。

即便如此,布莱克并非仅仅依赖法官的判决来宣扬他的宪法信念。1955年5月,他在纽约市政厅举行的一次会议上发表了纪念阿尔伯特·爱因斯坦的演讲,这次演讲刊登在了《时代周刊》的头版。第二个月,他又担任了他的女儿斯沃斯莫尔学院毕业典礼上的演讲嘉宾。1960年2月17日,布莱克在纽约大学法学院首次做了有关詹姆斯·麦迪逊的演讲。虽然斯沃斯莫尔学院的演讲只有很少的听众,但是另外两次演讲获得了国内外的关注。整体来说,这些演讲的内容完整地表述了布莱克以绝对实事求是的法则为基础运用《权利法案》和《宪法》的信念。

"生活没有了自由就失去了活下去的意义。"历史和经典名著"证明",苏格拉底的赴死、"伟大的异议者"

耶稣受难、以《大宪章》为高潮的斗争、17世纪清教徒异议者约翰·李尔本所受的迫害以及带来独立和《宪法》的开国元勋的斗争从根本上来说与迫使爱因斯坦逃离希特勒暴政的人类苦难没有任何差别。这种不变的人类状态意味着"无论何时,无论何地,人类想要摆脱政府压迫的愿望是一样的"。他说,"绝对保障个人权利"的《宪法》为"所有共同渴望自由的人们提供了最大的希望"。政府的迫害是向《第一修正案》的"基本构想"发起挑战,这一构想就是"我们的政府就算有最好的动机也不应该抑制人们对公共事务实施方法的批评",而且国家的"安全取决于自由表意权,而非对表意权的压制"。

此外,只有通过"实事求是且明确地"理解整个《权利法案》和《宪法》才能获得个人自由。法兰克福特信奉克制主义意味着,在涉及《第一修正案》的案件中,最高法院通常会采用利益衡量原则。而得出的判决也会涉及《第十四修正案》,在这样的判决中各州的权力凌驾于个人权利之上。然而,布莱克相信人性是不会改变的,这导致他坚定不移地将法则和彻底写实主义看作是运用最高法院权力的最确切的指南。对于许多旁观者来说，人性不变的假设使得布莱克处理《第一修正案》的方式显得有些天真幼稚。然而，他自己却不这么认为。因此，如果最高法院接受有关《第一修正案》的保障是绝对的这一假设，便能够不偏不倚明确地执行这些保障。《第一修正案》的字面理解表明，政府能够控制某些间接影响个人表达的行为，但是最高法院的职责是提出并遵守保留行为和受到绝对保护的表达权之间差异的原则。

最后，在涉及正当程序条款的案件中，布莱克认为最高法院一定要按照（而非超出）《权利法案》的要求保护个人自由免受州政府的干预。虽然能动主义和克制主义的支持者常常认同布莱克在特殊案件中得出的结论，但是他们并不接受布莱克的全部合并理论。尽管如此，布莱克仍然坚定地认为扩大对个人自由的保护力度是限制最高法院自由裁量权最确切的方法。

布莱克和他的同事们不断对新政管理的州的权力进行限制。最高法院运用商务条款、税收能力以及不计其数的联邦法律，不断支持国会将对国家日益增长的经济的管理权授予总统及其行政官员。在一项反垄断的判决中，布莱克表明了大政府对经济秩序的控制会变得多么地可预期以及彻底。他说,联邦机构"最后会推测出"某些"会对竞争产生有害影响"以及"无法弥补缺陷的协议或者惯例"是"不合理的,因而就它们所造成的确切危害或者因使用它们而造成的损失而论,在没有详尽调查的情况下是违法的"。

1950年代中期,布莱克的家庭生活也遭遇到了困难。他因患上带状疱疹而引发了严重的并发症入院治疗。1955年,进一步的身体健康问题导致布莱克入住梅约诊所进行治疗。然而,他尽可能和平常一样打网球,而且早已戒掉了抽烟的习惯。此外,布莱克仍然保留了在寒假前往迈阿密游览的习惯。他变卖了在伯明翰的财产,在经济上帮助他的孩子们。虽然他反复地说"为我的每一个孩子"感到"多么地骄傲",但是他仍然不住地要求他们记得他自己和他们的母亲赐予他们的礼物就是"劳动"和"奉献"。他用意味深长的话说道:"不要因为日常的生活费用借债。因为这是麻烦的开始。"

最终,布莱克的私人生活重新恢复了平静。1957年9月11日,在约瑟芬突然逝世之后独立生活了六年的单身汉布莱克与土生土长的亚拉巴马州人伊丽莎白·西伊·德梅里特结婚。在1955年成为布莱克的行政助理之前,伊丽莎白在伯明翰的联邦地方法庭担任秘书,并在那里工作了 15 年之久。那段时期内,她和弗雷德·E.德梅里特达成共识,和平离婚。布莱克力劝她制定"阅读计划","培养一种人生哲学"。在布莱克向她推荐自己最喜欢的经典名著和历史文献的同时,他们的关系也越来越亲近,直到后来她在她的日记中吐露心声称他"正慢慢向婚姻靠近",不过他"想要理智地处理这件事情"。最后,他去她家拜访并与她讨论了"爱和最高法院"的话题,两天以后他们悄悄地在布莱克位于亚历山德里亚的家中结婚。当时,布莱克 71 岁,伊丽莎白 49 岁。

一种特殊的"人生哲学"构筑了这位法官处理美国自由主义的方法。他相信,自尊对于保留个人和社会福利之间的互相依赖而言十分重要;而相同的设想形成了他与众不同的对自由主义的宪法保护。即便如此,他仍无法避免自由主义的困境。最高法院拒绝接受布莱克的规范原则反映出无法建立明确的指南来管理各州和联邦政府与《权利法案》之间的关系。大政府的地位已经稳固,但是其权力的行使范围仍然存在难以解决的冲突。

第九章

沃伦法院
（1960年—1968年）

对于布莱克而言，从全国来讲，1960年代是一段难熬的时期。尽管经常受到批评，但是随着约翰·F.肯尼迪政府和林登·B.约翰逊政府将自由主义推向顶峰，他的公众形象也在不断提升，与此同时沃伦法院在稳定地扩大对个人权利的保护。但是大规模的社会混乱，肯尼迪、马丁·路德·金以及罗伯特·F.肯尼迪遭暗杀，理查德·尼克松获胜以及乔治·华莱士和右翼团体的崛起仍然威胁着自由主义。在他再次处理的诉讼案中，布莱克仍守护着自由主义的信念，并且坚持他的宪法法则，继续努力在能动主义和克制主义中间找到一个平衡点。

布莱克十分高兴肯尼迪扩大了联邦政府在社会福

利中的作用。除了进一步提高最低工资和社会保障利益,肯尼迪提出的中等收入者的住房、公共交通系统以及开放空间保存的补助方案成功通过。然而,最具重大意义的联邦援助的扩大是从约翰逊的"伟大社会"开始的,该计划包括了医疗保险和医疗补助机构为年老的和年幼的享受福利的人提供医疗援助,经济机会局等机构提供多种教育、就业和住房计划。1965年的《中等教育法案》不顾《第一修正案》已确立的条款,提出为公立和私立学校提供联邦经费。1947年布莱克对埃弗森案的判决为帮助有需要的学生而非学校的法律提供了宪法基础。随着这些以及其他政策成为立法,布莱克为约翰逊担任总统期间的政绩感到骄傲:"毫无疑问,你已经证明你为我们国家的每一个地方都做出了同样的贡献,同时也证明了你努力完成平等公正地对待所有人——不论地域、种族、宗教或者信仰这一国家目标的决心。"

布莱克也一如既往地支持政府对经济的管理。在"费格森诉斯科拉帕"(1963年)一案中,他重申了宪法推断,即一般而言,最高法院会限制政府干预的范围。"立法机关有广泛的权限来对经济问题进行试验,"他说,"无论立法机构是否采用亚当·斯密、赫伯特·斯宾塞、凯恩斯勋爵等人的教科书,都与我们无关。"当布莱克支持大力执行反垄断法时,《财富》杂志一篇题为"戴着浣熊皮帽的反垄断"社论谴责他对现代经济的理解已经过时。尽管如此,最高法院的大多数人和他一样支持将联邦权力扩展至各个领域。

然而,1960年代的社会动荡形成了新的挑战。针对南方不利于种族融合的大规模抵制,马丁·路德·金等人发动了一场非暴力的消极抵抗运动。密西西比州的牛津市以及亚拉巴马州的伯明翰和塞尔马越来越受到重视的公众示威以及官方进行的相应的、经常发生的残暴镇压引起了更多的混乱。最后,这类冲突充分地激起北方的公众意见,在肯尼迪遭暗杀之前不久,他提出了一项重要的公民权利立法,之后约翰逊颁布了该立法并进行了扩展。但是1964年和1965年的夏天,南方区域之外的城市贫民窟爆发了新的种族骚乱,首先是在黑人住宅区,接着是在瓦茨。1968年4月4日,马丁·路德·金遭暗杀之后,全国范围内的暴动和动乱局面达到了高潮。伊丽莎白在她的日记中写道:"雨果一直在说示威会导致暴动和混乱局面的出现,事实证明，他是对的。"

对越南战争的抵制越来越严重也令布莱克担忧。伊丽莎白称他是关心越南战争的"和平主义者"。1965年，在约翰逊宣布他大幅度地增加了派往越南的军队之后不久，布莱克提醒一位与总统十分亲近的顾问，"战争通常会导致总统下台"。伊丽莎白又一次在她的日记中写道，布莱克的预言不幸成了现实。1968年8月，随着芝加哥民主党大会期间流血事件的发生，反战冲突达到了高潮。

布莱克之所以为国内的混乱担忧还有更深层次的原因。动乱的规模以及官员错误的应对方式令布莱克想知道大多数人最终是否会去支持一个高压的政府。他跟伊丽莎白说："这个国家的人潜意识里都希望换一个政府，因为所有人似乎都希望通过示威和游行建立一个政府。"此外，布莱克提醒道，"希特勒在掌权之前就曾走上街头游行抗议。"

他对此的感觉甚至更为强烈，因为动荡的局面波及了那些与他最亲近的人。塞尔马冲突爆发期间，一伙种族隔离主义者用棍棒将一位拥护政治统一的白人牧师詹姆斯·里德殴打重伤致死。里德是布莱克家族的一位朋友,曾担任约瑟芬婚礼的牧师。她在日记中写道,当伊丽莎白询问布莱克他们是否应该送去鲜花时,"我得到的是雨果恼怒而不耐烦的喊叫,请求我不再提起这件事情。"雨果说如果他(牧师)"按照我说的去做,当整个事件公布出来的时候,他很有可能会置身事外"。

这种对混乱的反对与布莱克的信念相一致,他一直认为个人的权利依赖于稳定的社会关系以及负责任的行为。然而,他一生中发生的各种事件已经破坏了这种恰当的平衡。如果人们过于轻易地转向违法乱纪的行为,那么危险就不仅来源于政府,也来源于他们自己。布莱克在塔斯卡卢萨和伯明翰律师协会的会议上郑重地说,违法乱纪绝对不可能创造一个更好的社会。同样地,在国会通过公民权利的相关法律之前不久,他跟伊丽莎白说,虽然"不像街头运动那样吸引人",但是法院是"长久的公民权利实现的唯一途径"。

布莱克的反应改变而且不时拉紧了他与其他法官的关系。布莱克和道格拉斯之间的紧张关系时常显露出来,以至于伊丽莎白不安地在日记中将这件事情记录了下来。此外,布莱克开始在某些公民自由的案件中主张司法克制,这导致他与新的支持能动主义的多数派产生了冲突。1962年,惠特克和法兰克福特辞职,因此肯尼迪任命丹佛的律师拜伦·怀特和劳工部部长阿瑟·戈德堡接替了他们的位置。而戈德堡和克拉克的辞职使得约翰逊得以任命他的老朋友兼法律顾问阿贝·福塔斯和全国有色人种协进会的代表律师兼司法部副部长瑟古德·马歇尔。

就连布莱克和沃伦也在司法能动主义的局限性问题上产生了意见分歧。自沃伦进入最高法院起,他和布莱克对于美国自由主义的观点一直是一致的。当有评论家指责布莱克的影响力改变了沃伦的看法时,布莱克强调他们的信念是一致的。"他进入最高法院时的想法和我的是一样的,"布莱克强调,"他的思想是在加利福尼亚州形成的,而我的则是在亚拉巴马州形成的。"尽管如此,1960年代期间,布莱克发现自己与沃伦在涉及扩展《权利法案》的例案上出现了分歧。

讽刺的是,这些分歧总出现在最高法院受到无情抨击的时候。各政党和类似于约翰·伯奇协会的右翼团体内部的保守派支持发起弹劾各个法官的运动。布莱克常常因为涉及民权运动和反越战示威者的判决而收到要求弹劾他的信件。这些信件不可避免地将这些团体和"共产主义者的威胁"致力于"从内部"摧毁美国联系在了一起。共产主义者派了"演讲者来我们的学校,向我们的年轻一代传授他们的信条,他们挑起了种族问题,他们鼓动青年发起骚乱,他们偷走了我们的国防秘密,但是伟大的最高法院却还要保护他们,这本来是为了保护美国而成立的机构,并不是为了保护一些外来思想而存在的"。

布莱克知道,这些对最高法院的抨击反映了人们内心深处的情感。"阁下,我只不过是一名普通的工人,没有任何影响力,除了手上的投票表决权以外,我会就我所知来使用这一票,"一位匿名的来信者写道,"我非常害怕共产主义者会接管这个国家,因为我有五个儿子,他们都还小,我希望自由地活着。"这类情感使得1960年代大范围的混乱变得尤为危险。无论示威者的动机如何好,动荡的局势会引发美国人内心最深处的焦虑而且会导致那些利用这种恐惧感来证明限制自由是合理的人当选。1966年各州州长选举期间,布莱克就认识到了朝这一方向发展的初步迹象;他告诉伊丽莎白,加利福尼亚州的罗纳德·里根战胜了自由主义者帕特·布朗,这样的结果"很糟糕"。他对于乔治·华莱士的妻子卢林恩当选的看法也是一样。

布莱克相信宣扬政府对《宪法》的尊敬可以防止镇压。他于1962年写道,政治家和出版者都无法令南方的人民完整且准确地知道南方各州的政府怎么做才算是履行了他们的国家职责。错误的信息引发了同样的恐惧、蔑视和愤怒,从而导致了内战的发生。南方的白人需要了解"计划好的公然藐视并且打击这个国家的意志"将会"再一次带来不必要的痛苦和灾难"。州政府无法阻止"绝大多数人""忠于自己对于所有人都平等自由的宪法理想,真实地"活着。《宪法》的基本"宗旨就是所有人,无论他们是何种肤色,无论他们有怎样的过去,都是同一个造物主创造的人类,都享有平等的机会尽自己的一份力帮助实现我们所有人赖以生存的伟大的国家计划"。布莱克的这些信念源于他的童年时代:"我不记得曾在家乡听到过任何与这些信念相悖的话,"他说道,"而且我确定,在亚拉巴马州阿什兰镇,任何一个小教堂的主日学校的老师在给我讲述登山宝训以及重复仁慈的撒玛利亚人的故事时,几乎都会表达与此相同的人生观。"美国是"伟大的国家",因为《宪法》不支持"奴隶制度、仇恨和等级制度",而是奉行"法律面前人人平等的原则"。

60年代的骚乱反映出公众越来越接受不受法律支配的行为。对暴力的默许最终招致强烈的反对。他跟他的书记员说,里根和华莱士的胜利源自人们的焦虑情绪,"这是自塔西佗时代起一直存在的问题"。然而,他确定人性的恒久不变也证明了塔西佗发现的真实性,即人类可以"选择通过司法而非暴力维持他们的伟大形象"。最高法院的主要职责就是鼓励提高而不是降低人们的情操。

由于与道格拉斯、沃伦和福塔斯出现了意见分歧,一些旁观者认为布莱克正逐渐退出能动主义的行列。然而,这一明显的转变是对社会福利的再次强调。60年代,他不断寻求多数主义和自由之间的平衡,而且为了寻求到这种平衡,他信赖明确的法则。他避免正面答复他著名的关于《第一修正案》对言论的保护是绝对的这一论断,他将纯粹的言论与类似于示威抗议的行为区分开来,认为示威抗议虽然是一种表达意愿的形式,但是这属于一种行为,因此不受到绝对保护。宣传行为和越轨行动本身之间的区别也是如此。《第一修正案》允许宣扬有争议的思想,除非有证据证明这样做会导致出现某种违法的行为。同样的,布莱克认为根据已确立的条款严格划分教会和政府,并非阻止政府为公立和教会学校的学生提供安全的交通工具。他说,由于只有经济和安全因素决定着经济援助的资格,因此在宗教的问题上,州政府应保持中立。由此,布莱克的合并理论将州政府的权力限定在《权利法案》特别规定的范围内,进而平衡了能动主义和克制主义。

涉及投票权的案件考验了布莱克的一致性。自1940年代起,最高法院缓慢但稳定地解除了南部对黑人投票的限制。"戈米利恩诉莱特富特"(1960年)案表明最高法院逐渐加强了对黑人投票权的保护。亚拉巴马州有一项法律,允许白人市政府官员设立选民范围,几乎将所有有投票资格的黑人选民排除在塔斯基吉市选举之外,于是最高法院否决了该法律。与早期的判决不同,法兰克福特的判决与布莱克的观点一致,强调戈米利恩案中的情况涉及种族不平等。此后不久,在"贝克诉卡尔"(1962年)案中,布伦南进一步获得了6比3的比数支持。这起案件涉及田纳西三个城市在立法机关中的代表名额分配不均的冲突。在开创性的裁决中,最高法院支持有关分配问题的司法管辖权,将此案发回低级联邦法院以作最后判决。贝克案引发了如潮般的批评,在提出废除有关分配问题的司法管辖权的宪法修正案建议失败时达到了顶峰。

贝克案也在全国范围内引发了几起类似的案件。"威斯伯里诉桑德斯"(1964年)案对佐治亚州国会选区内首府亚特兰大的代表人数在比例上少于人口较少的农村乡镇提出了质疑。在彻底审查了《宪法》制定者的意图和这个国家遗留的英国传统之后,布莱克判定佐治亚州的规划无效。最高法院以6比3的比数通过,他表示"根据其历史背景进行分析所得",《宪法》的"指示"是"在几乎任何可行的情况下,一个人在国会选区中的投票权与任何其他人的投票权是等价的"。在"雷诺兹诉西姆斯"(1964年)一案中,最高法院将布莱克"一人一票"的标准延伸到了州选举上。沃伦认为"平等保护条款要求州立法机构的成员按照人口的比例进行分配"。"代表政府的基本宪法原则是,"他说道,"各地区的人口平等。"

分配案件的判决大体上与布莱克的宪法信念一致。克莱郡的童年生活、伯明翰的政治生涯以及参议院的任职经历令他了解到,亚拉巴马州的黑土带在该州人口比较稠密的北部占据主要地位主要是代表名额分配不均造成的。而像伯明翰这样的地方则综合了黑人被剥夺选举权以及白人选民名额不足的因素。

评论家对此表示怀疑。他们认为,没有历史证据能够证明《宪法》的制定者主张"一人一票"这句话中所体现的平等代表权。他们明确地认同各州在参议院的平等代表权,但是完全否定人口的相关性。此外,尽管管理众议院的法规中写有"各院应各自审查本院的选举、选举结果报告和本院议员的资格",但是最高法院的新标准对该项权力进行了限制。至少,布莱克对于制定者意图的理解有些理想化。和其他重新分配改革一样,布莱克的判定相应地违反了司法克制主义的原则而且破坏了分权。

尽管如此,1965年之后,布莱克的立场变得更加复杂。尽管戈米利恩案已经判定,但是民权委员会的报告显示南部腹地有100个城镇,其中登记投票的享有投票权的非裔美国居民不到总数的10%。为了废止长久存在的恐吓和骚扰政策,1965年立法为保护黑人选民提供了综合性的联邦干预。该项立法自动中止了读写能力和教育测试,美国司法部长发现1964年总统选举中登记或者参与投票的其他享有投票权利的居民的人数低于50%。这一中止法令的有效期持续了五年,而且没有受到法院的质疑。此外,该法令授权司法部长协助选拔联邦"审查官",监督曾违反过《第十五修正案》的州内选举。此法案与之前的立法最根本的不同之处在于它同时也要求,在各州改变投票权惯例之前,必须先经司法部长或者哥伦比亚地区联邦法院的批准。

布莱克对《投票权法案》的支持有些模棱两可。在"南卡罗来纳州诉卡岑巴赫"一案中,南卡罗来纳州、亚拉巴马州等其他几个州声称中止读写能力和其他投票权测试、强制的事先批准以及设立联邦审查官的法律规定超出了《第十五修正案》授予国会的权力范围,而沃伦驳回了他们的申诉。布莱克"大体上"同意"所有"的判决内容,除了要求事先批准的那部分内容之外。布莱克回顾了1787年制宪会议上的争论和其他资料,提出事先批准的条款违反了州权力和国家权力的合理分配,并以此作为反对的理由。布莱克认为,那条存在异议的规定迫使各州"在实施他们的地方法律之前必须请求相隔很远的联邦机构的批准",让人觉得"这个州或者各个州只不过是被征服的省而已"。事实上,该规定给予了司法部长或者联邦法院对州法律的否决权,而《宪法》的制定者已经明确拒绝将该项权力授予国会。这类授权违反了"长久以来确立的原则",即"只有在某项有效的州法律已经产生了实际的案例和争论的情况下",才能对公民权利提出质疑。此外,事先批准要求的危害几乎"相当于彻底摧毁作为有益且有效单位的各州政府"。

布莱克对于"南卡罗来纳州诉卡岑巴赫"一案的观点表明,他一直在努力调解能动主义和克制主义之间的关系,不过这一过程变得越来越困难。他始终支持司法保护白人和黑人美国公民的投票权。他也支持国会分别在1957年、1960年和1965年颁布的投票权法规。然而,事先批准限制了对于维持联邦权力而言至关重要的司法补救,而事先批准的要求阻碍了州政府自己解决种族被剥夺公民选举权这一问题的尝试。这反过来削弱了南方白人的自尊,引起了他们的怨恨和反抗。

在"哈珀诉弗吉尼亚州"(1966年)一案中,布莱克试图进一步划定司法能动主义的限制范围。道格拉斯获得了6比3的大比数支持,以违反了平等保护条款为由判定弗吉尼亚州的投票税政策无效,从而推翻了1937年的判决。最高法院表示,由于投票税政策以"财富或者费用的支付"为衡量投票者资格的手段,因此这是"一种恶意的歧视"。布莱克对此表示反对。他解释道,他同意1937年全体一致通过的判决,但是同时强调,如果在哈珀案中种族歧视仍存在争议的话,他肯定会投票支持大多数人的观点。然而,正是因为事实并非如此,布莱克认为最高法院应该遵循先例,保持克制。他"不喜欢"投票税政策,但是更愿意由国会来结束它,而非利用平等保护条款将最高法院"自己对良好政府政策的概念"写进《宪法》。

哈珀案的判决与布莱克为平衡克制主义和能动主义所付出的努力是一致的,而且与他作为参议员和法官一直坚持的立场也是一致的:立法优于最高法院为解决投票税政策所产生的"恶意歧视"而做出的裁定。公平地管理税收助长良好公民和参与性民主制度;那些支付税收的人很可能对他们的政府有更大的兴趣。最后,他对最高法院的能动主义表示反对,因为它危及了公民在公共事务中的利害关系。

其他涉及种族平等的案件对布莱克制定管理能动主义和克制主义的宪法规定的能力提出了质疑。弗吉尼亚州的学校官员争论，布朗案第二次判决中的标准模糊，证明应该进一步将废止种族隔离推迟，这时布莱克在"格里芬诉爱德华王子县"（1964年）一案中表示"只是没有时间'以从容不迫的速度'来进行了"。与此同时，非裔美国人从1960年开始"静坐"抗议在饮食和零售业受到种族歧视，要求获得平等的服务，在政府机构介入之前拒绝离开。静坐抗议的举动挑战了最高法院对私人行为和州行为的区分。自1940年代起，最高法院一直运用《第十四修正案》来推翻各州实施的种族隔离，却从未质疑过私下里的个人是否拒绝将种族隔离与其他种族联系在一起。因此，在限制性的条款、白人预选以及松鸦组织的案件中，最高法院否决了私人歧视，仅仅是因为这与州政府强制执行的种族歧视的存在密切相关。

对于道格拉斯而言，静坐抗议运动提出的问题是，政府官员是否能够在符合宪法的情况下实施私人歧视，从而"围绕着为公众服务的商业建立一个种族隔离带。如果在餐厅里能这样做,那么在药店、私立医院和公共运输业也可以。"布莱克的观点更加局限。他欣然承认国会或者某个州政府能够颁布法律禁止某些私营企业实施种族歧视。然而,回想起他"爸爸"在阿什兰镇的商店,布莱克进一步表示,"我认为《宪法》没有禁止私营店主将某些人拒之门外,"只要这个生意是"真正完全属于你的,那么其来源以及维持"都不涉及"直接的或者间接的"州政府或者联邦权力的问题。

最高法院内部的矛盾变得越来越无法调和。在几起早期的案件中,最高法院包括布莱克在内以多数比例推翻了对抗议者的定罪,在这些案件中私营企业的歧视涉及了州政府的行为。但是"贝尔诉马里兰"(1964年)一案迫使最高法院必须裁决巴尔的摩一家私营餐厅将民权示威者赶出去的行为是否违反了《第一修正案》和《第十四修正案》。大多数人同意这不属于一般定义的直接的州政府行为,最高法院只是将该案件发回州法院,要求其根据定罪之后通过的一项新的马里兰法规进行审理,该法规禁止餐厅以种族为由拒绝为个别人提供服务。

布莱克是发表有关贝尔案观点的六名法官之一,

他认为《第十四修正案》并没有"强迫经营私人企业的黑人或者白人与他不愿意合作的人做生意"。他也遗漏了示威者的发言,示威者认为他们的行为受《第一修正案》保护。《宪法》授予诉讼当事人在任何他们有权利去的地方发表他们观点的权利。但是"自由表意权是发表观点的权利,而不是强迫其他人在其私人产业上提供一个平台或者讲台的权利"。最后,布莱克称,"人人自由且平等"的原则意味着,《宪法》不会"授予任何团体以暴力治国取代依法治国的权利"。

然而,布莱克的反对立即变得没有了实际意义。1964年的《民权法案》禁止在餐厅和其他公共住宿地点实施种族歧视,并且依靠商业条款执行联邦权力;因为权力与种族不平等是相悖的。

布莱克对两起案件的判决表示支持,这两项判决刚好证明了联邦干预的影响有多大。伯明翰一家距离国家高速公路只有几英里远的名为"奥利烧烤"的餐厅歧视黑人。民权的支持者起诉了这家餐厅,而经营者的回应是他的餐厅不在商业条款的限制范围内。尽管如此,最高法院支持执行商业权力,强调这家餐厅的食物产品中至少有一半是通过州际贸易获得的。同样的，最高法院认为，商业条款支持在为州际旅客服务的旅馆或者汽车旅馆内禁止种族歧视。

在涉及《第一修正案》的案件中，布莱克支持绝对保护诉讼案中他所认为的传统的言语行为。"《纽约时报》诉沙利文"(1964年)一案引发的问题是，州诽谤法是否可以禁止与事实有些许不符的揭露官员干预公民权利的政治报道的发表。最高法院全体一致同意否决亚拉巴马州法规中的这项定罪，认为《第一修正案》保障这类批评政治机构的报道的发表，除非该错误的新闻是在"明知报道失实或者贸然不顾报道是否失实"的情况下发布的。布莱克撰写的并存意见认为"《第一修正案》和《第十四修正案》授予了《纽约时报》绝对且无限制地发表其对蒙哥马利的政府机构和官员批评意见的宪法权利"。

布莱克也试图确立牵涉到猥亵的言语或行为时第一修正案的绝对保障和实施之间的界限。在"金兹伯格诉合众国"(1966年)一案中，他否认联邦政府有给任何言论和思想的表达(不同于行为)施加任何约束的权力。在"考克斯诉路易斯安那州"(1965年)一案中，他同意驳回对在地方法院门前游行示威的民权积极分子的定罪。但是,他一点也不怀疑州政府有"权力保护法官、陪审员、证人和法庭官员免受那些人的威胁,他们试图通过在法务人员工作的法院、生活的家附近或者进入法院以及他们的家进行示威、抗议或者游行"。

布莱克仍然坚持设立条款。"恩格尔诉瓦伊塔尔"(1962年)一案涉及纽约的一项法律,该法律规定在公立学校教室里设立简短的不分宗教的祷告仪式,个人参与与否纯属自愿。几位家长质疑这一法律违反了《第一修正案》。布莱克代表大多数人的意见宣布该项法律无效,因为它强制人们明确宗教信仰。因此,政府的支持导致"间接对宗教少数派施压,强迫其信奉官方认可的占主导地位的宗教"。制宪者制定确立条款的基础便是"意识到政府确立的宗教和宗教迫害紧密相关这一历史事实"。宗教"过于私人、过于神圣、过于圣洁,因而不能允许世俗的管理者对它有任何亵渎的曲解"。

反对这一判决的人强调,《宪法》中只有两处提到了宗教:一处是禁止将测验结果作为联邦官员任职资格的规定;另一处是《第一修正案》的确立条款。这两处都没有否认地方学校委员会设立祷告仪式的权力。

此外，没有历史证据支持布莱克针对那些制定确立条款的人的意图所做出的推论。因此，评论家认为，布莱克的判决是司法能动主义一次毫无根据的行为。

布莱克的回应是，他一直通过保护宗教少数派的权利来维持社会的福利。他一直坚持这一观点，因此他不认同1968年最高法院支持纽约立法为公立和私立学校的孩子们提供免费教科书。

布莱克也一直坚持他的完全合并理论，虽然最高法院从未完全接受过这一理论。事实上，最高法院根据正当程序条款扩大了适用于各州的《权利法案》的保障：在"马普诉俄亥俄州"（1961年）、"埃斯科维多诉伊利诺伊州"（1964年）和"米兰达诉亚利桑那州"（1966年）等案件的突破性判决中，最高法院宣布《第四修正案》对无证据搜查和逮捕的禁止、《第六修正案》的法律咨询权以及《第五修正案》反对自证其罪的规定全都适用于州级审讯和警察执法。布莱克支持以上每一个判决，而且"吉迪恩诉温赖特"（1963年）一案是由布莱克自己宣判的。选择性合并战胜了完全合并，这一结果如果谈不上与布莱克理论的字面意义相一致的话，至少与其理论的精神是一致的。

最高法院对地方执法机构实施国家标准是理查德·尼克松总统竞选运动的核心。尼克松反复宣称,最高法院的判决在"与这个国家的罪恶力量对抗的时候,也过多地削弱了和平的力量"。然而,布莱克之所以努力建立合并原则,主要是因为他相信管理州警察和法院的统一宪法规则就能够增强执法力度。"由于我自己曾担任过很长时间的检察官,"他在给印第安纳州的一位检察官的回信中说道,"我能深切体会到检察官为执行州法律和国家法律所付出的努力。"

然而,"格里斯沃尔德诉康涅狄格州"(1965年)一案揭露出了布莱克的宪法原则的局限性。康涅狄格州的一项法律禁止已婚夫妇使用避孕用品并且向他们传播控制生育的信息。道格拉斯撰写了最高法院的判决书,认为该项法律违反了在第一、第四和第五修正案以及正当程序条款中隐含的"婚姻隐私权"。布莱克对此表示强烈反对。隐私权代表的是"一种不明确的、灵活的、无法控制的判定法律不符合宪法的标准",从立法法令的理论角度来看,表现的是"一种不受约束的司法控制",而且危及"制宪者制定的政府权力的分离制度"。最高法院的判决超出了布莱克的推论,而布莱克认为最高法院应该全面透彻地运用修正案，而不是仅仅局限于已经得出的字面理解。

对司法能动主义的批判为尼克松1968年的总统竞选运动指明了方向。此外，在沃伦宣布退休决定之后，约翰逊试图任命福塔斯为首席大法官，而共和党和南部民主党中保守派的联合阻止了这一任命决定。福塔斯的落败不仅仅是政党派系的原因造成的。沃伦曾说过，在总统选好继任者之前，他会继续担任首席大法官一职。评论家指责他是在试图给参议院施压，迫使其接受"跛脚鸭"总统任命的自由主义者，从而拒绝给予尼克松选择任命保守派的机会，而沃伦对此予以否认。接着，有传言称布莱克和道格拉斯也在考虑退休。事实上，伊丽莎白已经因为布莱克的视力问题而希望他退休了。1968年2月，布莱克82岁。虽然他会定期打网球而且在其他方面一直十分活跃，但是他的视力一直在逐渐衰退，直到他再也无法保证开车安全。虽然动完手术之后，他的视力问题有所改善，但是慢慢失去控制加剧了布莱克对必然发生的事情的担忧。他会不时地表达他的希望，如果"他先走"的话，等到"伊丽莎白百年归老"之时，她能够葬在他的旁边。

各种事件影响了布莱克的退休决定。1968年春,他在哥伦比亚大学卡本蒂埃讲座上向站席上的1,500多名听众成功发表了演讲,这证明他的思想仍然很敏锐。与此同时,他一直害怕60年代的社会混乱所造成的普遍情绪会威胁到美国的自由主义,而尼克松险胜布莱克的候补者休伯特·汉弗莱,以及华莱士的惊人表现,都印证了布莱克的这种恐惧。他持续的思想活力以及相信自己能够预先阻止自由主义衰退的信念使他仍然坚守在最高法院的岗位上。

第十章
越战终结
(1968年—1971年)

尼克松当选对自由主义最初的影响尚不确定。沃伦法院没有任何变动,而且仍然存在进一步扩展自由主义政策的措施。布莱克反对不断扩大行政权力,并且开始反对已经成形的司法能动主义。就算沃伦时代结束,他的宪法信念也不会动摇。然而,他年纪渐增最终带来了他所经历过的最严峻的挑战。

并非自针对新政的冲突爆发以来,最高法院才成为风暴的中心。《纽约客》的一位作家观察到,"尼克松先生对最高法院的抨击无疑帮助他赢得了选举。"持续不断的城市种族暴力削弱了公众对民权运动的支持。对于大多数选民而言,这些骚乱是更加庞大且更加令人痛苦的越南分裂战争的一部分。随着反对越战频繁地与相互矛盾的生活方式、价值观和行为联系在一起，这种对抗转而加深了成年人和青年人之间的紧张关系。尼克松辩称最高法院大力保护个人权利是动荡局面出现的一个主要原因，对于许多美国人来说，他的这个论点听起来十分真实。他强调自己将只任命信奉司法克制主义的法官，这一主张似乎十分吸引人。虽然像布莱克这样的旧罗斯福自由主义者拒绝接受尼克松对最高法院的批判，但是他们因此陷入了困境。

在自由主义总统的八年任期结束时，哥伦比亚广播公司发布了长达一个小时的新闻特别报道，新闻记者埃里克·塞瓦赖德和马丁·阿格龙斯基联合采访了布莱克，这位法官公开就这些冲突发表了看法。虽然1968年9月底哥伦比亚广播公司就已经录制了这个节目，但是直到选举之后，该节目才在电视上播出。当两位采访者提及公众对最高法院提出的"要求"以及公众认为最高法院的判决在某种程度上限制了警力而且有帮助罪犯的嫌疑等"观点"时，布莱克毫不犹豫地做出了回应。"嗯，这不是最高法院决定的，"他说道，"不是的，这是由《宪法》的制定者决定的。他们的想法是，不应该强迫任何人给自己定罪。"而且布莱克明确地表示他相信最高法院对制宪者意图的贯彻方针是正确的。"当然是,为什么他们不能这样呢?"他说,"他们为什么要制定《权利法案》?他们实际上都与审理案件的方式相关联。而且从实际操作上来说,所有这些加深了给人们定罪的难度。"

成千上万的电视观众也认识到了布莱克对个人权利的限制。"我认为,如果《宪法》规定无权阻止想要对政府表示抗议的人们进行示威或者大呼口号,那么政府会陷入非常糟糕的困境之中。"因此,"只有在有效法律允许的范围内",个人在"有权活动的地方就有说话的权利"。布莱克在这里重申了受到绝对保护的言论与不受保护的行为之间的差异。与此同时,他解释了他主张将这种绝对保护延伸到色情刊物上的理由。社会在什么是色情的问题上无法达成一致。布莱克发现,远离令人无法接受的色情信息的最佳保障就是家庭将恰当的价值观教给孩子。父母"应该"照顾好他们的"孩子,告诫他们,让他们自己远离这些东西,而不是试图通过法律来实现"。如果父母履行他们的职责,那么孩子们就可以凭借其性格本身的力量抗拒这些淫秽的东西,由于布莱克的家庭教养,他自己就是典型的例子。

在整个哥伦比亚广播公司的采访过程中,布莱克对于最高法院在诠释《宪法》中的作用的看法贯穿始终。布莱克承认,"我们的制度"允许不同的人进入最高法院,而这些人反过来对于合理的司法职能有不同的看法。而他的职责就是尽可能遵循《宪法》的字面含义。在这样做的同时,他也会向制宪者寻求指引,从他们所处的历史环境的角度进行分析,只有这样他才会做出自己的判断。制宪者熟知历史长河中发生的"一系列镇压和压迫",他们编写《宪法》就是为了"控制政府",从而限制将来会长期延续下去的压迫。

他不认为法官应该让《宪法》随着时代的发展而发生变化。由于人类的行为是不变的,因此一个时代的原则仍然适用于另一个时代。然而,大多数的美国人不了解《宪法》,所以法官们必然得通过发布明确而清晰的法规来让公众理解这些。他承认,最高法院的法官有时候也会失败。布莱克感到特别遗憾的是,布朗案第二次判决中"从容不迫的速度"标准含糊不清,导致人们也不接受最高法院对布朗案的最初判决。

公众对布莱克在哥伦比亚广播公司的采访节目反

响特别好。哥伦比亚广播公司的发言人表示,他们收到了10万多封信,寻求布莱克一直随身携带并且曾在节目中提到过的那种袖珍版本的《宪法》。该节目获得了"艾美奖年度最佳纪录片奖"。虽然大多数的选民明确对沃伦法院大力维护个人自由提出了质疑,但是许多美国人还是接受了布莱克对于最高法院行为的合理解释。

几乎在哥伦比亚广播公司播出这期访谈节目的同时,布莱克于1968年在哥伦比亚大学所做演讲的稿件也以《宪法信念》为题出版了。这本书更加详尽地记录了他在电视节目中探讨的思想。他说,《宪法》和《权利法案》的"核心"是《第一修正案》,这培养了美国人"坚定而且自力更生的性格,这种性格最适合他们也最适合他们的政府"。修正案的目的就是让自由的个人"极大地影响政府事务,这样的话,我们的社会才能够摒弃由来已久的通过必然会造成仇恨和杀戮的斗争来解决争论的机制,并且经由或者通过和平的政府机构和法律来替代斗争解决机制"。

布莱克仔细思考了他"从亚拉巴马州克莱郡山区里一个边境的农舍到美国最高法院的这段漫长之旅",

他信中充满了对《宪法》的感激和崇敬,因为是《宪法》让他的政治人生成了现实。《宪法》是他的"法律圣经"。"我珍视上面的每一个字,从第一句到最后一句;就算是对《宪法》最微小的要求的稍许偏离都会让我有切肤之痛。"

这段时期,布莱克一如既往地支持多数人扩展联邦经济政策,尤其是将《公平劳动标准法案》应有于各州。同样地,他和最高法院一起将"一人一票"的标准延伸到了地方区域选举的分配上。此外,在"本顿诉马里兰(1969年)一案中,布莱克的合并理论获得了进一步的认可,不过仍有些不完全。瑟古德·马歇尔代表六名法官(其中包括布莱克)表示,根据《第十四修正案》的正当程序条款,《第五修正案》的一罪不受两次审理的条款适用于各州。但是,他反对最高法院限制州政府在刑事案件中的权力,因为这违背了《第四修正案》规定的禁止不合理搜查和逮捕。布莱克也和沃伦一样反对最高法院判定要求居住达一年以上的居民才享有获得福利的权利的州立法规,认为这违反了平等保护条款。

廷克案体现了布莱克与沃伦法院的能动主义最明

显的分歧。1965年底,三名青少年戴着黑色的臂章上学,以此来表达他们对政府越战政策的抗议。艾奥瓦州首府得梅因的学校负责人禁止了这种有计划的行为。这三个人继续上学;学校的活动没有受到任何明显的干扰。然而,学校的官员实施了一项新政策,勒令这三名学生休学。这三个少年通过他们的父亲向联邦地方法院提起诉讼,要求发布禁令限制学校机构制定纪律程序的权力并索取名誉损害赔偿。联邦地方法院及时驳回了该诉讼。

1969年2月,最高法院中的大多数人支持推翻地方法院的判决。阿贝·福塔斯法官表示,这几个少年的行为既没有在学校造成混乱,也没有妨碍到其他学生的权利。根据《宪法》,他继续说道,"言论自由并非只是一个受限制的,只是原则上存在而实际上不存在的权利。如果只可以在仁慈的政府已经为狂想者提供了安全避难所的地区使用自由表意权,那么该权利实际上不存在。"

布莱克不同意这些观点。他承认,虽然他"一直相信"根据第一和第十四修正案,联邦政府和州政府都没有"任何权力来规范或者审查言论的内容",但是他也

"从不相信,任何人有权随心所欲地在想演讲的时候就可以在任何地方演讲,或者想示威的时候就可以在任何地方示威"。最高法院大多数人的判定致使自由表意权超出了合理的界限,削弱了传统的秩序源泉的力量。"学校的纪律和父母亲的训导一样是训练孩子成为良好公民,甚至优秀公民不可分割的重要组成部分。"他根据最高法院的判决预测"各个学校中肯定会有学生准备好、有能力而且想要违抗他们老师实际发布的所有命令"。这块土地上已经有一批学生"恣意妄为、破门而入、静坐抗议、躺卧示威以及沉沦堕落"。更特别的是,布莱克重申了他对言论和行为的区分。《第一修正案》保障的是"在受政府审查或者干预的情况下自由思考、自由演讲和自由写作的权力"。然而,在行动多于言论的情况下,使得自由辩论成为可能的民主政府体制就会被推翻。他"一直十分注意划清言论和行为的界限",他在《宪法信念》中写道,同年,最高法院审理了廷克案。社会秩序对于民主的重要性不亚于备受追捧的书面和口头表意权,而"那群今天为了崇高的目标在街道游行示威的人可能明天就会被为了完全相反的目的在街道上示威的暴徒取代"。

因此，他承认对自由表意权的绝对保护存在局限性。在反共产主义的诉讼拒绝将有争议的思想纳入知识市场的麦卡锡时代，他就曾说过这句话。产生的恐惧感、愚昧无知和牵连犯罪逐渐破坏了民主和对宪法权利的信念。如果再给他们一次机会客观地思考一下自身的话，美国人都会拒绝接受共产主义的思想。这样的评估反过来也会加强公众的民主信念和对个人权利的尊重。

廷克案中象征性的抗议也表达了来自对立方的相似态度。尽管他们的行径要表现的是一种反抗的态度，但是抗议者的臂章扰乱了教学过程。当"黑色的臂章"被"特意拿出来展示"以引起人们对战争中的死者和伤者的注意时，学生们无法将注意力集中在相比之下"较小的问题"上，"因为那些死者和伤者中有一些人是他们的朋友或者邻居"。从这段时期的大规模动乱来看，布莱克认为以戴臂章的形式进行抗议破坏了教室中有序的讲课，而这一秩序对于社会稳定和个人权利而言都十分重要。

法官们在廷克案上的分歧是席卷沃伦法院的更为深入的麻烦的先兆。当选总统尼克松要求沃伦结束最高法院的本届任期,然后确定永久离开的准确时间。然而,1969年5月5日,媒体揭露出福塔斯和一个被判犯有非法买卖证券的商人进行过各种私人交易。公众哗然,开始抨击已经被尼克松的批判动摇的最高法院。此后不久福塔斯辞职。不到一周,尼克松便宣布任命联邦巡回法院法官沃伦·E.伯格担任最高法院的首席大法官,而且参议院欣然地批准了这一任命。第二个月,尼克松任命联邦巡回法院法官克莱门特·海恩斯沃思接替福塔斯担任助理法官,但是参议院不予批准。参议院也没有批准总统对联邦上诉法院法官哈罗德·卡斯维尔的任命,但是批准了联邦法官哈里·布莱克门填补福塔斯的空缺。

1969年夏,布莱克又遭遇了一次令他极度痛苦的经历。在与伊丽莎白打网球时,"他在网球场上有点儿摇摇晃晃,坐在地上,怎么也想不起他孙子的名字。"日子一天天过去,记忆力障碍仍没有好转。他和伊丽莎白讨论了"人人都会犯的错误,而他最大的错误就是加入三K党"。虽然逐渐从轻微中风中恢复过来,但是伊丽莎白察觉到"雨果自己似乎没有意识到他的大脑功能已经受损"。这使她意识到,她不希望布莱克以大脑不健全的状态继续留在最高法院。然而,在10月之前,布莱克似乎已经完全恢复,然后开始了他担任法官的第33个年头。

与此同时,一位学术界的观察者指责他已经放弃了自由主义。就哥伦比亚广播公司的采访而言,格兰登·舒伯特教授把"见多识广且敏锐的自由主义"评论员与这位"死板、脾气暴躁且自以为是的老头"进行了对比。此外,对廷克案的异议表明逐渐增长的保守主义源自"文化上的过时"和"心理生理上的衰老"。舒伯特认为,"最大的讽刺是,雨果·布莱克的问题在于他的年纪太大,已经无法胜任这一工作",考虑到"富兰克林·罗斯福对于休斯法庭的不满就在于"年龄,布莱克接受任命的时候正是打破老人政府对最高法院控制的时期。

耶鲁大学的法学教授亚历山大·比克尔的观点更加微妙。尽管比克尔严厉地批评了沃伦法院的司法能动主义,但是他认为"需要将老年有如此辉煌的成就而且遵守《宪法》的神圣文本的布莱克大法官划分到另一个类别中"。他暗指,布莱克判决中的一致性来源于他为建立明确的划分能动主义和克制主义界限的法规所付出的努力，而这些法规都建立在最初的意图、字面主义和历史的基础之上。

在"亚历山大诉教育委员会"（1969年）一案中，布莱克设法解决了尼克松在废止种族隔离执行上有所松懈的问题。根据以"从容不迫的速度"为原则的布朗案第二次判决，司法部和卫生、教育和福利部的官员要求第五巡回上诉法院推迟执行对密西西比州的学校下达的立即废止种族隔离的命令。当这一案件上达最高法院时，布莱克威胁称如果各位法官不宣布结束政府的延迟命令，让一切回归到原来的秩序的话，他就撰写反对意见。"这个法院和其他法院的职责太简单了，完全不需要不断地诉讼和审议。"他在给其他法官的备忘录上写道。这个"职责"就是"将我们的公立学校体系中现在存在的所有种族歧视连根拔起"。几天之后，最高法院宣布了全体一致通过的指令，"即时且有效地"宣布"宪法不再允许种族隔离的学校按照'以从容不迫的速度'废止种族隔离的标准继续运作"。

在1971年开创性的斯旺判决中，最高法院认为，法院可以下令用校车接送学生，以提高公立学校的种族平衡。这一判决遭到了大批民众的反对。事实上，这一问题也使得最高法院内部产生了很深的裂痕,布莱克曾私下威胁要写反对意见:"我极力反对联邦法院可以命令学校委员会跨城区接送学生以便平衡学校的种族或者消除单一种族的学校"的判决,"因为现在的这种局面是由各地的居民模式,而非学校委员会强制实行种族隔离造成的。"此外,他说,《宪法》没有"要求种族平衡"。尽管发表了这样激烈的言辞,但是布莱克承认为了消除州政府强制执行的种族隔离,灵活应变十分重要。只要不是死板地要求种族混合的比例,类似于用校车接送学生的政策是允许的。最高法院接受了这一原则,并且达成了一致的判决。然而,尼克松的回应是支持禁止用校车接送学生的宪法修正案,并且主张对私立学校实施联邦援助。

布莱克也制定了适用于尼克松加大参加越南战争的力度所引发的反战暴乱的法规。政府成功将拒绝入伍参军的埃利奥特·阿什顿·韦尔什定罪。韦尔什声称自己是基于道德原因而拒绝服兵役,他反对参与任何战争,因为杀人是在泯灭良知。由于这一信条本质上不属于宗教信仰(不同于传统的基于宗教原因而拒绝服兵役),联邦法官判定韦尔什违反了《选征兵役法案》，处以监禁刑罚。上诉时，严重分裂的最高法院推翻了这一判决。布莱克认为，要判定拒服兵役者的辩解的有效性就要检查"对战争的反感是否源于精神、道德或者宗教信仰"，而支撑这一检验的就是"传统的宗教信仰的力量"。

由于布莱克曾经在亚拉巴马州当过律师而且担任过治安法庭的法官和检察官等职，他信赖陪审团会调解互相矛盾的公众态度。与此同时，他依赖明确的陪审团的判决指引。在因罗伯特·图西拒绝登记入伍而引发的诉讼案中，布莱克的意见获得了大多数人的支持，推翻了陪审团审判的定罪。这里的问题是从征兵法的诉讼时效来看，这项罪名是否成立。"毫无疑问，陪审团发现"图西"故意不去登记，从而使自己免于和其他完全遵守他们的法律责任的年轻人一样去服兵役"。布莱克代表存在意见分歧的最高法院说道。然而，法律不仅规定不去登记是一种犯罪，也"规定这类犯罪的诉讼受到诉讼时效的制约"。虽然法律责任的履行有诉讼时效"可能会让一些人借此逃避责任"，但是当法院发现已提起的诉讼受到这类法律制约时，"法院必须清晰地表达国会的意愿"，即"没有人应该被起诉、审讯或者惩罚"。

与此同时,在较普遍的各州的刑事案件中,布莱克支持陪审团的裁决。他一直主张根据完全合并理论扩大第五和第六修正案的保护范围,但是反对扩大《第四修正案》禁止的不合理搜查和逮捕的范围。他在亚拉巴马州的法律从业经历使他相信,对反对自证其罪和法律咨询权的保护,会在限制滥用行为的同时保证各相关机构的效率。《第四修正案》的合理标准过于模糊,以至于无法维持这一重要的平衡。

然而,在"怀特利诉沃登"(1971年)一案中,最高法院拒绝接受布莱克的推论。它推翻了陪审团对窃贼的裁定结果,这一定罪在某种程度上取决于在被认为不合理的情况下所取得的证据。布莱克表示反对,认为"《第四修正案》本身并没有清楚地指明,违规获得的证物永远不能作为证据"。因此,这里"没有任何疑点表明这个不知悔改的罪犯是无辜的,是我要将他监禁服刑"。

布莱克进一步提倡协调州政府和联邦政府在社会福利上的管理。在"戈德堡诉凯利"(1970年)一案中,最高法院推翻了州政府对公共援助的中断,认为这种行为需要接受终止聆讯。最高法院以5比4的比数通过,宣布该州违反了《第十四修正案》的正当程序条款。布莱克表示反对,认为这是毫无根据的司法能动主义行为。布莱克的完全合并理论的核心是在扩大最高法院运用《权利法案》文字规定的职责的同时有必要对其自由裁量权进行限制。虽然在戈德堡案中,布莱克属于少数派,但是他投了多数派一票,表示支持另一个州对其他福利计划进行限制,尽管有人称这一政策违反了平等保护条款。

自1937年进入最高法院起,布莱克一直支持有利于经济或者社会福利法律的司法克制主义。此外,他在戈德堡案的反对意见中指出政府在越战时期的军事和社会的总开支形成了产生通货膨胀的威胁。

布莱克努力通过在其他领域鼓励司法克制来消除大众对最高法院的敌意,这种敌意是尼克松与最高法院对立的根本原因。在1965年格里斯沃尔德的判决之后,围绕着隐私权是否包括女性打胎的权利的问题引发了争议。尼克松支持反对打胎的主张,在很大程度上限制了女兵能够要求打胎的立场。在"合众国诉瓦伊奇"(1971年)一案中,布莱克狭隘地解释了哥伦比亚特区的反打胎法规,同时拒绝考虑他在格里斯沃尔德案中反对的隐私原则。这一判决将举证责任由个人转移到了政府,从而建立了"最开明的堕胎"法律。

与此同时,在"扬格诉哈里斯"(1971年)一案中,布莱克否决了联邦法院在州法院仍在进行陪审团审判的时候释放激进的反战示威者的权力。在涉及公民权利的案件中,地方陪审团的偏见很明显会阻碍公平的审判,最高法院一致认可这种干扰。布莱克发现在扬格案中没有这类歧视,因而支持州陪审团在扫荡期间对激进分子的诉讼案进行审判。布莱克也支持联邦选举法律将拥有选举权的最小年龄放宽到18周岁,但是拒绝各州一定要采取相同的符合宪法的法律的要求。

在最引人注目的案件中,布莱克支持最高法院大多数人的意见,反对尼克松对权力的要求。随着围绕越战展开的国家动乱不断发生,《纽约时报》等报刊杂志公布了"五角大楼文件"。这些分门别类的政府文件被秘密泄露给媒体,揭露出政府关于国家卷入越战的原因混乱不清。尼克松政府以出版物威胁到了国家安全为由寻求禁止令。在一次夏季特别会议上,最高法院以6比3的比数通过,否决了政府的请求。布莱克的并存意见肯定了绝对论者对《第一修正案》的理解。"出版自由最大的职责,"他大声说道,"就是阻止任何政府部门欺骗人民,将他们派往偏远的地方,致使他们死于外国的热毒,死于外国的枪口和炮口之下"……"保护社会团体不受推翻我们体制的煽动越重要,"布莱克说道,"就越有必要保护宪法赋予的言论自由、新闻自由和集会自由的权利神圣不可侵犯。"这是"共和政体的保障,也是立宪政体的基础"。

因此,在伯格刚上任的时候,布莱克运用他由来已久的宪法信念来保持社会福利和个人权利之间的互相依赖关系,应对他所察觉到的尼克松所表现出来的反应。但是,布莱克也知道尼克松会利用美国选民的愤怒和恐惧,而这些情绪来源于抗议者、与年轻人的叛乱和种族骚乱相关的犯罪以及通货膨胀。由此产生的精神错乱摧毁了民主政治赖以生存的自尊。布莱克以前的法律助理查尔斯·A. 赖克撰写了一篇题为《绿化美国》的评论,他在阅读这篇当代美国的评论文章时在空白处潦草地写下一些批注,而这些批注阐明了当时出现的各种问题的深度。赖克认为美国人对个人自由和机会的梦想已经"湮灭"、"被摧毁了",布莱克对这一论点的回应是,"我不同意","这一梦想到目前为止还没有被摧毁"。赖克否认"成功取决于品格、美德、勤奋和自我牺牲";布莱克反驳道,"不。"赖克控诉政府和社会"对民主的或者大众的监督无动于衷",形成了一个"庞大的功能强大的机器,秩序井然、遵纪守法、合理但是完全不受人类的控制,完完全全漠视一切人类的价值";对于这一指责,布莱克的回应是"在我看来事实似乎并非如此","我不这么认为"。

"五角大楼文件"案的判决是布莱克在最高法院宣布的最后一个判决。1971年春夏期间,他变得越来越虚弱。他在8月底之前辞职离开最高法院似乎是必然的事情。到了8月末,伊丽莎白和小雨果帮助布莱克准备了一封辞职信。在他父亲的指示下,小雨果也开始销毁这位法官的会议记录,不过他剩下的文稿都保留了下来。同一时期,约翰·哈伦法官(就住在布莱克隔壁的病房里)了解到自己的病是绝症。9月17日,布莱克向尼克松递交了辞职信,几天之后哈伦也递交了辞职信。在又一次中风之后,布莱克的病情加剧,于9月25日清晨病逝。

布莱克的一生已经不完全是他个人的经历,而是影响了整个国家,他的葬礼充分体现出了构筑他一生的要素。用亚拉巴马州短叶松木粗略凿成的棺材令人回想起他青年时期在克莱郡获得的信念。浸信会圣歌以及赞美诗和哥林多后书的朗诵,伴随着维吉尔的墓志铭映射出布莱克汲取的智慧源泉,正是依靠这些智慧,他一步步由律师到当选官员再到法官,影响着他的同胞们的心灵和思想。他在病逝之时,仍和生前一样随身带着一本袖珍版的《宪法》。

华盛顿国家大教堂的钟敲响了 85 次,每一响代表他活在人世的每一年,从农村抗议和进步主义改革的时代起步,到新政自由主义胜利时期达到成熟,最后在反对 60 年代和越南战争的动乱中终结。从他在阿灵顿国家公墓的坟墓所在位置望下去就可以看见华盛顿的风景。布莱克在担任参议员和法官时推动城市成了每一个美国人生活的中心。但是,他也为了个人自由的理想而奋斗,主张不信任大政府,而这些都体现在杰斐逊纪念堂。

毕竟,他的墓志铭中所表达的希望或许已经实现了。希望我"居住在远离忧虑的地方,自己掌控自己的一切,而且不必每天做自己内心所谴责的事情。让我不再出现在争吵不休的法庭,让我不再为了朝不保夕的名声去做脸色苍白、内心焦虑的候选人"。最终在安息的时候,布莱克找到了他一生从未寻求过的东西,从自尊和自由的斗争中解放出来。

第十一章
遗　产

　　雨果·布莱克生前身后一直为世人所瞩目。19世纪三十年代,德·托克维尔注意到在美国的民主制度中,最高法院法官没有经过选举,却拥有独一无二的权力。20世纪三十年代以来,在自由主义思潮兴起的过程中,布莱克充分诠释了最高法官这一角色,以及由它而引发的反应。罗斯福总统的法院填塞计划(其中包括任命雨果·布莱克为最高法院法官)不得人心,加之布莱克早前三K党成员身份遭到曝光,这都对布莱克的声誉有所影响,他仍然以一个捍卫个人权利的强硬自由派法官而深入人心并赢得赞誉。在最高法院的三十四年里,他特色鲜明、笃信宪法,竭力主张在全美各州确保人权法案的实施。尽管其他自由派后来比他更加激进,但他毫不动摇。布莱克时常与大家意见不同,但他设法平衡大政府的诉求与个人自由以及社团福利之间的关系。鉴于他被任命一事曾引起举国关注,上任之后又有卓越表现,他有生之年受到公众推崇也就顺理成章了。他去世后,公众的关注依旧持续了数十载,表明这是一笔永恒的遗产。他的一些判决,成为具有约束力的宪法判例,而某些异议则意味着潜在的变革。1994年,罗杰·K·纽曼撰写的大部头布莱克传记问世;十一年后,史蒂夫·舒茨出版了同样大部头的传记,这本传记主要记述了布莱克在亚拉巴马州的岁月。尽管布莱克名列最高法院史上十大法官之列,但是在他去世三十五年后,评论家和政府官员仍然对他的判决或赞誉或谴责,莫衷一是。

最高法院的法官们如今业已通过多种途径获得了公众的认可,对于这种局面的形成,布莱克的遗产功不可没。一名最高法院法官的任命,在提名的阶段通常牵涉到党派之争,随之而来的就是有争议的法庭判决。更为特殊的是,最高法院里的几名法官结合了上述一或两种因素,因而成为引人注目的"首位",例如,布兰迪斯是最高法院首位犹太裔法官;欧康纳是首位女性法官;瑟古德·马歇尔是首位非裔美籍法官。而另外一些法官获得关注，不仅仅因为他们在司法界的经历，也是因为他们在加入最高法院之前就已经声名鹊起，像首席大法官约翰·马歇尔，他是弗吉尼亚首屈一指的律师和美国著名的国务卿；小奥利弗·温德尔·霍姆斯，当代著名的法律哲学家之一；查尔斯·埃文斯·休斯，前进步共和党推选出来的在职行政官和总统候选人、国务卿以及最高法院副大法官；菲利克斯·法兰克福特，著名的哈佛法律教授；以及首席大法官厄尔·沃伦，共和党人，唯一一位当选过三任加利福尼亚州州长之人。布兰迪斯和瑟古德·马歇尔一直是杰出的"公益诉讼"律师。

布莱克与罗斯福的法院填塞计划之间的联系，有助于勾勒出自由主义未来的轮廓。美国民众给予新政自由主义具有压倒性优势的民主合法性，这与到1937年为止，"旧（填塞前）"最高法院赋予联邦大政府的宪法无效性判决之间存在冲突，罗斯福的法院填塞计划使这种冲突雪上加霜。扩展后的罗斯福新政在1936年民意测验中大获全胜，在其最忠心耿耿、最直言不讳的支持者之中，布莱克是1937年法院改组后首位加入最高法院的"罗斯福自由派"，人们对他的评价毁誉参半。1937的法院改组是历史性的"转折",这一转折号称让最高法院的9人大法官制得以幸存。当时以及之后的观察家推断,尽管罗斯福的法院填塞计划最终以失败告终,但它还是迫使罗布特大法官站在了最高法院自由派的一边。由于缺少第五张维系反对新政多数地位的投票,保守派的大法官们渐次退休,结果布莱克得以走马上任。布莱克早已因不遗余力地推行法院填塞计划而饱受争议,在他三K党党员身份曝光后,反对声愈发强烈。他曾经效忠三K党这一隐形帝国与他自由派领军人物的形象格格不入。虽说布莱克最后通过向全国转播的无线电演讲平息了众怒,但无论他的支持者还是反对者,皆断言罗斯福首位任命的法官布莱克,在自由派与最高法院之间原本争吵不休的关系上浇了一桶油。

这些争议,暴露了自由派的窘境。1937年3月,罗斯福宣布法院填塞计划后不久,历史学家詹姆斯·特拉斯洛·亚当斯就指出,"问题在于,最高法院的自由的性质,从终极意义上来说,是我们自由的唯一堡垒。"即便如此,1936年大选中,美国民众用选票表明了他们的信念,那就是,为了战胜大萧条并且由此而保障人们未来的福祉,一个和平时期的联邦政府规模必须与美国资本主义的总量相当。然而,大政府是否不可避免地让自由受到抑制呢?罗斯福以压倒性优势取得大选的胜利证实,尽管有这样的危险,绝大多数美国人仍然相信大政府十分必要。而共和党和民主党中的保守派们坚持认为,大萧条可怕的毁灭性,并不能为自由派管制状态所导致的经济自由性的丧失正名。就这样,反对新政联盟按照保持宪法制衡这一原则——美国民众向来以此原则为重——重新界定了新政对自由的威胁,罗斯福的最高法院填塞计划反而促成了此事。"假如一位总统试图剥夺我们的言论自由,"亚当斯接着指出,"假如一个国会非法剥夺我们的财产,假如一个州议会剥夺新闻自由,就像近期在休伊·朗独裁统治下的路易斯安那州发生的案例,除了最高法院,还有谁能挺身而出拯救我们于水火之中?"在随后的几十年里,保守派渐渐获得广泛支持,人们开始认同自由派大政府的好处抵不上限制自由所付出的代价这一观点。

这样的争议也凸显出自由主义新政的优劣势。无疑,美国民众否定了共和党人胡佛所提出的"顽强的个人主义"。1928年,胡佛提出"美国个人主义与机会均等的精髓在于它要求政治和社会平等的同时,也要求经济上的平等。它不是自由放任的制度。"他力图保留联邦政府"在市场博弈中裁判员的角色,而不是运动员的角色"。胡佛认为有效的国家干预和去中心化的自治可以保证"每个个体都能享有井然有序的自由、民权和平等的机会。"而联邦政府对商业的官僚主义操控,"会毒害自由主义的根基。"胡佛的"真正的自由主义"旗帜鲜明地反对罗斯福的新政,新政是根据国会授权总统"广泛的行政权力,对付(经济的)非常时刻,这种权力与我们被外敌入侵时所授予总统的权力一样大。"最高法院填塞计划揭示出联邦政府统治中的阴暗面。随着美国民众对联邦政府各类政策依赖逐渐加深,不断膨胀的联邦政府官僚体系破坏了宪法制衡,那么行政权力应该扩充到何种程度,才能克服这一弊端?这个问题渐渐显露出来。另外布莱克连续得到最高法院法官任命,这进一步揭示,在未来几年里,对权力制衡的解释权,不是在胡佛而是在罗斯福——这帮自由派的手里。

虽然布莱克充满争议的任命证实了罗斯福要"填塞"最高法院,自由派内部却在大政府的开销能否抵消它的效益这一问题上出现分歧。总统之所以选择布莱克，主要是由于他积极地捍卫扩大后的联邦政府权力，并以此来解决大萧条所造成的庞大的经济问题和社会问题。虽然如此，自由派并没有在大政府扩张的程度上达成共识，布莱克的强硬掩盖了这一事实。布莱克代表着反垄断的支持者，试图抑制大企业；而另一派则是自由派官僚计划的拥趸，他们倾向按照国家复兴署的布置，开展政商合作。此外，北方的新政拥护者像瓦格纳，不但赞成隶属于工会的劳工受到联邦的保护，而且支持非裔美国人的人权。相比之下，很多支持新政的南方民主党人坚决反对提高他们的权利，不论是劳工还是非裔美国人，而布莱克对前者积极支持，对后者，他的态度充其量也就是模棱两可。自由派对限制"激进"的《公平劳动标准法案》，包括抛弃布莱克有争议的处理问题的方法，渐渐达成妥协。但无论南方还是北方的自由派民主党人，都以压倒性多数赞成扩大联邦政府的职责，以此来提升萧条的农业，通过田纳西河流管理局建立国家标准的发电站，在《社会保障》条例下确保基本的公共福利。

尽管存在这些分歧，但联邦与州府之间的关系也在悄然发生变化。南卡罗莱纳州州长奥林·约翰斯顿承认,正是大萧条期间州府的无所作为,鼓励了联邦政府权力不断膨胀。"州府的权力持续下降,因为州府有权不用,而人们需要政府,"他说。"如果某个政府不通过行使它的权力来履行它的职责,权力依旧存在……,只不过它们会被暴徒、乌合之众或其他人所利用……这就是上帝与自然法则。"像魏格纳和布莱克这样的自由派会保证新政方案由联邦政府与州政府共同承担,这些新政方案包括社会救助、社保保障、失业补助、田纳西河流管理局、资源保护以及市政工程等。尽管如此,联邦资助占据主导地位。罗斯福头两个任期里,注入州政府和地方政府的资金持续稳定增长。1933年财政年度,拨款总额是1.93亿美元。第二年就攀升到18亿美元,1935年达到23亿美元。1939年则达到了顶峰29亿美元。其中80%的资金流向了社会福利与救济措施。国会也对"为了联邦共同福祉"的一些项目增加了补助,这些项目包括社会保障条例、公共住房、鱼类及野生动物保护区、高速公路建设、对穷苦人群的农产品分配,以及针对需供养的子女及老年人的补助。国会资助这些开支,部分是靠提高个人所得税,但主要还是依靠巨大的财政赤字来埋单。

　　布莱克的任期内,最高法院在自由主义一致性的框架内把联邦政府具有最高权力写入了宪法。从20世纪40年代开始一直到70年代早期,涌现出一批获得两党政治支持的、时间持久、范围扩大的国家计划。虽然保守的共和党人和南方民主党人在国会和法院进行了抵抗,但通常都是以失败而告终。因此,民主党与共和党最高法院的被任命者,与罗斯福的法官们一道,共同效力于扩容的大政府。自由派民主党人和共和党人一样——包括从哈里·杜鲁门到理查德·尼克松的各位总统们——皆支持扩展的联邦—州府项目,例如市政工程的改造与规划;农村电气化;公共电力设施;扩大的社会保障覆盖面及福利;扩大的最低工资立法;公共住房和旧城改建;医院建设的双倍资助;新的农业与保护区项目;国家科学基金会;国家人文基金会;国家艺术基金会;联邦调查局日益增多的国内外情报活动;忠诚调查项目(麦卡锡主义);不断扩张的五角大楼国防承包商官僚机构,即广为人知的军工联合体;不断延伸的州际公路体系;以及在公立教育领域不断增加的联邦财政支持与参与。

所有这些活动都需要联邦中央加速集权并增加开支,最高法院通过宪法解释予以合法化。显然,布莱克是此次宪政自由主义的主要倡导者。中央集权控制日益加剧的一个很好的例子就是州府与联邦共同承担的项目不断增长。这些两府间项目,始于第一次世界大战之后1921年《谢泼德-唐纳母婴法案》,在新政期间数量激增,从第二次世界大战到20世纪七十年代,势头毫不减弱。20世纪六十年代,肯尼迪总统和约翰逊总统推进"向贫困宣战"计划,同时民权运动开展得如火如荼,民权运动获得了使用最高法院所支持的一些革命措施的权利。即使如此,从1944年到1952年,给各州的联邦人均援助金额翻倍还不止。德怀特·艾森豪威尔总统任期内,联邦政府援助方面的开支从164.7亿美元增加到388.6亿美元。到了1972年,在尼克松执政期内,两府间项目总援助金额已经达到400亿美元,占国内非军事支出总额的25%。这相当于1964年的4倍。截至20世纪六十年代末,增长最大的开支来自社会福利、就业以及教育领域。布莱克在最高法院最后几年里,有些涉及这些项目的讼案他也会持不同意见,表明他开始对保守派不断增加的反对力量产生担忧。

在战争以及国家紧急状态期间,布莱克的判决牵涉到行政权力,这些判决显示出自由主义的宪法局限性。第二次世界大战期间,在松丰三郎诉美国联邦政府这一案件中,最高法院意见并不统一,布莱克力压罗伯特·杰克逊大法官的雄辩,做出裁决,支持罗斯福行使基于"战时必需"的广泛的行政权,拘留大批日籍美国公民。数十年后,有报道透露,有证据证明日籍美国公民的忠诚度,但政府当年禁止披露这一证据。布莱克让总统计划接受宪法严格审查,但这却招致了更进一步的宪法挑战,结果在"远藤案"上,被拘留的日本人得到释放,因为他们的忠诚度早已被证实过。也正是这种严格审查最终让政府终止了这个拘留计划。冷战爆发后,同样是在最高法院意见不合的背景下,尽管杜鲁门主张朝鲜的"警察行动"(即朝鲜战争)构成了"战时必需",但布莱克置杜鲁门的主张于不顾,1952年做出判决,宣布杜鲁门占据国家钢厂属于违宪。反过来,布莱克的判决,为艾森豪威尔1961年针对军工联合体发出警告,提供了宪法依据。这位二战时欧洲盟军最高统帅心里很清楚,联邦政府官僚集权对于冷战期间保证美国国家安全有多么重要！这些集权包括州际高速公路系统这种扩大的两府间项目。艾森豪威尔还知道，由于联邦政府的援助而出现很多就业岗位，全国范围内很多社团因此而获益。

艾森豪威尔对发展迅猛的军工联合体的警告和布莱克在钢铁案上的判决，寓意深长。艾森豪威尔强调，"每一座城市，每个州议会，联邦政府中的每个机构"，都能感觉到军工联合体的"无所不在的影响——这种影响既有经济上的，也有政治上的，甚至包括精神层面的。"警觉于古老的真理：权力会导致腐败，艾森豪威尔警告美国民众，"错位的权力，其灾难性的崛起，这一可能性一直存在，并且可能长期存在下去。"艾森豪威尔描述了仅仅关注短期利益、滥权与自私，是如何威胁对权力的宪法制衡，这与布莱克依赖宪法制衡这一原则推翻了杜鲁门总统占据钢铁厂的诉求，互相呼应。越战期间的财政赤字开支，以及军队与社会事业之间为争取联邦援助而开展的激烈竞争，再次让宪法制衡以及美国自由所依赖的三权分立处于危险境地。20世纪六十年代中期一直到七十年代初，由于"伟大社会"计划以及越战，约翰逊和尼克松继续推行财政赤字政策,资助"大炮加黄油"。由"五角大楼文件"(指国防部关于越南战争的秘密文件)一案所披露的信息显示,对社会事业项目的广泛需求,结合军工联合体的巨大权力,掩盖了总统滥权的事实。布莱克1971年的裁决肯定了宪法第一修正案所保护的"人民的知情权"。

在最高法院,布莱克富有争议的连任,激化了批评,人们指责有党派性的自由主义意识形态将主宰布莱克以及其他罗斯福任命的法官们的判决。的确,到1941年,最高法院的退休潮导致罗斯福挑选以下人员来填补空缺,斯坦利·F·里德,他作为首席检察官在1935年到1937年为大部分新政的案件做辩护,输多赢少;哈佛大学法学院杰出的新政拥护者,费利克斯·弗兰克福特;证券交易委员会主席,一度曾担任过法律教授的威廉·奥维尔·道格拉斯;前美国司法部长,弗兰克·墨菲;以及罗伯特·杰克逊,他曾经担任过几个重要的职位,包括首席检察官,他才华超群,赢得了支持新政议案(1938~1940)的大部分案件。这些法官对罗斯福当局以及新政具有强烈的认同感,这掩盖了这些法官之间的显著差异,而这些差异会削弱意识形态上的共识性。总之,正如首席大法官休斯据说对道格拉斯所说的那样,"你必须牢记一件事。在我们所工作的宪法层面,任何一个判决,其中百分之九十都是情绪化的。还有百分之十的理性部分,为我们个人的偏好提供理由。"接下来的几十年里,上述的这些法官们以及其他的自由派法官们将会证实休斯的这段话。布莱克与道格拉斯在判决过程中具有明显的情感色彩,并且带着强烈的自信,他们两人经常形成联盟,更多的时候他们与弗兰克福特和杰克逊意见相左。像里德和墨菲这样情感色彩不那么明显的法官们,则根据案件的情况,选择支持其中的一方。

尽管如此,每一位法官的"理性"都服从一定思想和原则,而布莱克与弗兰克福特则各自形成了相抵触的宪法愿景。虽然保守派一直谴责新政自由主义一律对自由造成危害,事实上,它以多方面的实验性和务实主义立场为出发点,它所致力的首要目标,是挽救美国资本主义,以免其在大萧条、二战及冷战中被摧毁。弗兰克福特被视为新政拥护者,像布莱克一样,他也赞成针对大企业的反垄断诉讼,但相比布莱克,他对精英及官僚更有信心。长期以来弗兰克福特对霍姆兹和布兰迪斯在法律方面的才华倾心不已,他坚信,凭借人格的力量,"优秀"的法官能以训练有素的意志力抑制为了达到某个特定结果而产生的情绪上的偏好。相应地,仅仅在特殊情况下,才会出现违反司法自律的合法性。弗兰克福特在1939年至1962年任期内,他勤勉工作,以期赢得盟友;然而最终,批评家与辩护人都视他的自律为司法保守主义。弗兰克福特过高地估计了他的人际交往能力和说服力,因此很多他试图改变其立场的人反而跟他关系变得疏远了。

布莱克加入最高法院时头脑里并没有成熟的宪法愿景。作为律师和政治家,他一直在塑造他个人的哲学,对最高法院他也如此。在为法院填塞计划做辩护时,他抨击最高法院占多数的保守派,他们在他认为业已陈旧的经济观点的基础上全盘否定新政的各项措施。此外,他主张法院应该忽视甚至抛弃体现过时经济的判例,而要支持新经济理论,这些新经济理论可以纠正错位并调整由大萧条所带来的各种不平等现象。而且,早在他做原告律师的时候,他就认可制宪者原本打算通过《宪法》的具体条款来限制多数群体的做法。他的律师经历也教会他,为了平衡个体和社团福利,巧妙的辩护能改变这些条款。考虑到这种成功的法庭辩护的经验，布莱克得出结论，司法审查理应符合公众态度，尤其通过对商务条款或税权进行广泛的议案宣读，来顺应技术创新或经济变革。布莱克刚到最高法院的那段时期，外界的批评家以及法官同事们根据他饱受争议的任命，对他的独立性与发表异议的癖好进行解读，低估了他根据变化的需要对根深蒂固的哲学假想进行改变的能力。

布莱克追求权力有限但充满活力的政府，这样的政府各个层级和分支机构间都保持适当的权力平衡，这是他的信念。这种追寻与布莱克对个人权利的捍卫是一致的。布莱克把他数十载的经验提炼成一本名为《宪法信仰》的书，于1968年出版。在《宪法》中，对联邦司法、立法和行政权"更全面授权"的"终极之法"，非《人权法案》莫属。对州级政权也是如此。"那种将《人权法案》应用于各个州，"他写道，"会干扰我们联邦主义概念的争辩，我一点都不担心。通过《人权法案》给公民们提供了各种保护，我相信各个州没有假借联邦主义的名头以此来做实验的那个能力。"对个人自由的保障是"推动而非损害了这一基本政策，即避免权力过度集中在政府，无论是联邦政府还是州政府，这也是我们联邦主义概念所要强调的地方。"布莱克相信,个人的自由无论是对民主自治,还是对社团福利,都是必不可少的。布莱克对权力平衡的探索,是以人性永远都保持不变的设想为依据的。在维系个体权利与社团福利互相依赖的关系上,他视个体的自我尊重为其中的关键因素。作为从进步派转变成为自由派的南方人,布莱克始终牢记他的家乡北亚拉巴马州政治上是被该州的南部势力所控制的,因此他赞同均衡与平等权利。

对于联邦政府与州府之间关系,布莱克的原则,促成了他以自我约束与严格的宪法建设为特征的独特理论。布莱克宪法信仰中的一些基本原则包括以下几点:绝对尊重明确的宪法条款;州的立法权不能被国会抢占,且州立法范围更广;各州和国会涉及经济政策的立法必须采取司法克制。此外,个体权利与社团福利,依赖于对自我尊重的保护。布莱克试图加强保险业在州府层面的监管,显示出他对宪法优先性的信念。在美利坚合众国诉东南承保人协会案中(1944年),尽管与先前判例互相矛盾,他却认为谢尔曼反垄断法的宪法基础是商务条款,保险企业全国性的特性导致保险企业在谢尔曼反垄断法允许的范围内,引入限价协议。尽管国会最终彻底改变了这一影响广泛的解释，将允许这种做法的权力归还给各个州，布莱克却借此机会，在谢尔曼反垄断法的立法者们的意图之上，建立起新的司法解释。布莱克无视判例，与新政下联邦政府权力的扩张，以及对国会权力随意解释有可能造成各州监管权力的膨胀，是一脉相承的。

布莱克提出一系列异议，勾画出一条独特的边界，限制商务条款。大萧条期间，印第安纳州和其他一些州试图将税收负担从土地财产转嫁给企业。印第安纳州立法机构对企业从贸易中获得的总收入征税，至于贸易是州内还是跨州的，并无显著差异。在 J. D. 亚当斯制造有限公司诉斯托伦案中（1937 年），多数意见承认印第安纳州的这条法律既没有违反联邦成文法，也没有歧视性，但裁定跨州的贸易需要承担赋税，这违反了宪法。布莱克不同意此裁决。这些大多数人的意见激起布莱克对平等待遇以及对立法机构司法克制的必要性的深切关注。在南太平洋有限公司诉亚利桑那州案中（1945 年），布莱克更有力地明确表达出他的价值取向。为了保护工人的安全，亚利桑那州的一条法令宣布，超过特定长度的列车运营是非法的。布莱克再次提出异议,他提出最高法院就是"超级立法院"。

布莱克一直试图平衡权力与个体自由之间的关系。在美国通讯协会诉杜德斯案(1950年)中,最高法院赞成塔夫特-哈特利劳动法案的要求,塔夫特-哈特利劳动法案也是以商务条款为基础,工会会员必须宣誓反对共产主义。布莱克主张美国《宪法》第一修正案对言论自由的保障是不受任何限制的,他提出异议,否认"商务条款限制了思考的权利"。与此同时,全国有色人种权益促进会越来越多地对州际间交通设施上的种族隔离政策提出挑战,认为它违反了贸易权。布莱克从接受允许种族隔离政策的已经认定过的判例,转为支持全国有色人种权益促进会的意见,商务条款并没有鼓励歧视。最终,国会根据商务条款,批准了1964年民权法案,其中布莱克写了两条早期的判例,禁止在公共场合种族歧视。早在亚拉巴马州的时候,布莱克就为保护社团与个体福利而拥护政府激进主义。牵涉到工人的权利与安全、对消费者的剥削以及对小业主不公平的税收等案件,会招致经济依赖的担忧,而经济依赖又会造成丧失自尊、并滋生大众的恐惧、怨恨和骚乱。因此,对各州经济政策的司法干预间接地刺激了社会紧张状态。然而,个体的权利与自由对构成消息灵通的民意与平等公民权不可缺少;这些案例,因此需要超乎寻常的司法审核。

对于种族隔离案件,布莱克也努力做到公平处理。布朗诉教育委员会案(1954年)以及其他种族隔离的判决中,最高法院拒绝依赖美国《宪法》第十四条修正案起草者们的意图。而布莱克则认为,对各州的权力施加限制,(美国宪法第十四条修正案)基本原理足以给出合理化的解释。布莱克对平等对待的信心让他更加坚信,"很多美国宪法修正案起草者们所共享的认识"是它保证"所有人……在法律保护下享有平等权利"。为了保证个体的自尊,回到美国宪法第十四条修正案最初的目的也十分必要。全国有色人种权益促进会的社会科学数据显示,种族歧视是如何伤害黑人儿童的自我形象,这给布莱克留下了深刻印象。最高法院最初复审斯旺公车案(美国为了平衡学童的种族比例,实现种族融合而将学童运送到外区上学的制度),布莱克私下里曾威胁要提出异议。然而最终他同意,将学童运送到外区上学这样的政策可获得准许,只要不设定固定的种族混合比例。在一批"静坐"的案件中,布莱克的态度更加固执。他欣然承认,甚至在私人企业中,国会或各州也应当颁布一部禁止种族歧视的法律。"所有人均享有平等和自由的权利"这一原则意味着《宪法》没有授予任何组织以权力,以武治取代法治。最初的时候,绝大多数黑人领袖、主要的黑人报纸以及民权组织都同意这一观点。

最高法院在布朗第二案中准许延迟的公立学校以"十分审慎的速度"废除种族隔离,布莱克对此是有疑义的。最初他接受的原则也仅仅是为了照顾首席大法官沃伦维系最高法院全体一致的心愿。这种拖延,产生了两种后果,一种是以确认平等的《宪法》权力为目的的,与小马丁·路德·金有关的非暴力抗议策略;另一种则是南方白种人打着争取州府权利的旗号,带有暴力倾向的"大规模抵抗"。逐渐,金和他的追随者们将非暴力抗议与《宪法》权利诉求的司法辩护结合起来,全国有色人种权益促进会的法律辩护基金会赢了这些官司,他们的对手包括一些联邦法官像亚拉巴马州的弗兰克·约翰逊、联邦上诉法院和最高法院。但布莱克反对金的策略,因为他相信,这会煽动暴力。不过,法律辩护基金会的律师迈克尔·梅尔兹纳后来记录,民权抗议运动与诉讼同时发生,只不过是巧合而已。但尤其是血腥的伯明翰和塞尔玛冲突,促使国会最终战胜了南方民主党和保守共和党的反对,通过了《1964年民权法案》和《1965年选举权法案》。非暴力公众抗议到了能与司法对策汇集在一起战胜暴力的程度,布莱克对此估计不足。无论如何,伴随着民权运动的胜利,北方城市种族骚乱与反越战游行的那段岁月,部分印证了布莱克的担忧。

布莱克也提倡"一人一票"。他把这个标准当作宪法基本准则诉诸"制宪者原意",而对他的批评则掩盖了他为平衡司法权与立法权而付出的努力。议员人数分配计划是对城镇居民系统性的歧视,违反了多数表决制。布莱克对代表名额分配不均的亚拉巴马州州议会有亲身体验,他认为每个公民的投票应该具有同等的权重,相应地,名额分配不均的议会就不应该获得司法批准。只有当它真正代表大多数的选民时,法院才应该尊重大多数。除非要求明确的宪法条文,否则这一原则同样适用于国家议会与州议会。一旦把代表权与投票权区分开来,布莱克的优先事项就会变得更明确。带有首创性的议员名额分配的判决被最高法院描绘成是老祖父条款(规定南北战争前享有选举权的白人后代,即使没有文化也有选举权)、白人预选(指美国最高法院于1944年以不成文法宣布的在美国南部某些州剥夺黑人投票权的直接预选)以及塔斯基吉根据种族擅自改划选区这些案例的必然产物,其中每一件案例涉及的,不是代表的恰当与否而是选举权的资格要求。然而宪法中并没有明确地肯定投票权,取而代之的是在某种情形下,政府官员有可能否决投票权。因此,比起实施分配革命所需要的司法能动主义,具体的宪法条款与布莱克咬文嚼字的癖好,更容易调和。

在另一些投票权的案件中,对司法机构职能范围的界定,影响布莱克时常摇摆不定的观点。关于十八岁的投票权和废除人头税,他试图维护州府和联邦政府对选举的职责。仅仅在明确违反某条清晰的宪法规范或法定标准时,如各州强加的"理解力"要求和"解读力"测试,法院才应该进行干预。1964年宪法第二十四条修正案和1971年宪法第二十六条修正案,分别废除了人头税和授予十八岁人群以投票权,布莱克支持的明确的宪法权利终于得以成文。布莱克在1965年《选举权法》上的异议说明了他有不同的考虑。布莱克赞同最高法院维护法律的"实质上所有"的判决,除了有预授权需求的部分(联邦政府优先授权)。他认为,法令需要事先授权,这阻碍了州政府自行纠正因种族而剥夺公民选举权的努力。反过来,这也会削弱南方白种人的自尊,带来像南北战争之后南方各州重建过程中所引起的怨恨与抵抗。他不希望有"第二次"南方重建,像头一次一样遭受相同的命运。然而,一旦联邦政府真正实施监管,美国黑人将非常高效地动员投票权,布莱克错误地估计这一情况。

民权运动一系列事件证实了布莱克的信念,即永恒的人性能为平等权利提供民意基础。他坚定地认为宪法第十四条和第十五条修正案的修宪者们,打算依法建立一套有意义的司法公正。失败的第一次南方重建,以及证实失败的最高法院的一系列判决,使得美国南方将种族隔离制度强行加在美国黑人身上。种族隔离政策违反了明确的《宪法》条款;维护《宪法》是每个最高法院大法官宣誓就职时的誓言,因此他们要以最高法的名义终止种族隔离政策。全国有色人种权益促进会对黑人儿童丧失自尊的强调,强化了布莱克所推崇的新的平等的宪法秩序。这些共同的价值观使得布莱克对静坐抗议案件持反对态度。布莱克与全国有色人种权益促进会的领袖们最初的观点都一样,即众多北方白人已经与美国黑人一样同仇敌忾,但对混乱的恐惧会削弱这种道义上的愤慨。议员人数分配和选举权也引起了相关的问题。布莱克大法官把"一人一票"的原则应用到州政府和地方代表机构,以及美国众议院。但与道格拉斯大法官和其他法官不一样的是,布莱克独特的宪法权利主张限制了司法能动主义的运用。布莱克富有争议的人头税和预授权的异议,两件事都是他试图建立对法院、联邦或州议会强制执行公民平等权的监管范围。

布莱克"完全并入"理论使得联邦法官可以对监管政府官员的法规给出明确的界定。当然,通过"正当程序条款"实施《人权法案》需要对州政策制定过程进行广泛的梳理。把州级和联邦政府官员维系在同一宪法法规之下,布莱克将两个级别的政府提升到平等的地位,从而减少了司法裁量权。纵贯布莱克在最高法院的长期任职,他一直致力于通过"正当程序条款"将《人权法案》国有化。在他与弗兰克福特多次冲突之后,人们都称他为司法自制的冷酷无情的反对者。如果将布莱克的联邦主义置于广义语境中,这个观点被误解了。布莱克系统阐述了保证所有美国人平等权利的统一法规。只要州法院和联邦法院坚持相同的原则,则全体公民享有相同的权利,同时法官的自由裁量权也受到限制。此外,尽管有关他们动机的证据尚不确定,但宪法第十四条修正案的修宪者中,好几个人明确希望通过"正当程序条款"起码将《人权法案》的一部分推向全国各州,从而建立平等权利。虽然布莱克概括了这些制宪者的意图,来证明他的"完全并入"理论,他坚定地认为那些制宪者的观点是代表了起草宪法第十四条修正案"正当程序条款"的绝大多数人。

布莱克"完全并入"理论最有争议的应用大概是涉及宪法第一修正案的政教分离条款。在"进步时代"之前,选民们对公立教育的支持也是千差万别;例如,在亚拉巴马州除了阿拉巴马大学,各个层次的公立学校教育都很有限,而上得起阿拉巴马大学的人非常少,包括雨果·布莱克都未必读得起。随着美国进步主义对公立教育掀起新一轮全国性的承诺,民族宗教移民冲突和南方黑人被剥夺公民权都牵扯到了税收和政府资助。事实上,亚拉巴马州的三K党要求只有纳税的大多数白人新教徒的子女才应该享受免费的公立教育。第二次世界大战之后,要将宗教引入到公立教育的压力,主要集中在以下几个方面:将宗教教育与宗教仪式作为公立教育课程的一部分;努力获得公共税收资金,用以援助或者支持各种私立宗教学校。布莱克主要的判决是在宪法第十四条修正案"正当程序条款"的范畴内解释宪法第一修正案的政教分离条款,建立隔离的限制墙。他对把税收金投入到运送学生去公立学校和教区学校的公共交通持"中立"的态度,如1947年的"埃弗森诉教育委员会"案。布莱克更具争议性的判决,是1962年的恩格尔诉维塔莱案,他用隔离墙把祈祷排除在公立学校之外。

对学校祈祷的裁决的攻击比对最高法院种族隔离的判决更猛烈。恩格尔案中,布莱克收到了大约两倍于布朗案的批评邮件。20世纪六十年代初,接受调查的大部分美国人都支持种族隔离,孤立美国南方。至于公立学校祈祷的判决,全国的意见有分歧,天主教教会和一些主要的新教反对,而犹太教的领袖则普遍支持。阻力主要集中在原教旨主义基督教保守派和主要选自农村的代表们。最高法院对学校祈祷的判决让天主教原教旨主义新教联盟的可能性大增。自由派共和党人普雷斯科特·布什、保守的南方民主党人赫曼·托尔玛奇,以及约翰·肯尼迪的前任们——胡佛、杜鲁门和艾森豪威尔——都谴责恩格尔案的判决。而肯尼迪却对这一判决进行强有力的辩护,包括在《纽约时报》以"总统敦促最高法院在祈祷事件上应获得支持"为标题的报道。而且,《纽约时报》时事评论员安东尼·刘易斯写道,最高法院愿意就公立学校祈祷而强行实施影响深远的判决,意味着它可能要做出更多政教分离的判决。

布莱克的推理比恩格尔案有争议的结果获得的关注要少。"万能的上帝,我们承认对您的依赖,"纽约的祈祷文写着,"我们祈求您祝福我们,以及我们的父母、我们的师长和我们的国度"。尽管这些话语是自愿的,似乎也很温和,但他们强迫年轻人要么信奉上帝,要么面临同辈人、教师和学校管理者的责难与孤立。不可避免的是,国家对上帝的鼓励,对持有不同信仰的人们就是一种强迫。布莱克六对一的主流判决结果,强调了政府在良知方面的强制性。"当政府的权力、威望和财政支持都被置于某个特别的宗教信仰的身后,那么让宗教少数派遵照盛行的官方批准的宗教,作用在他们身上的那种间接的、强制性的压力是显而易见的。"他说。布莱克的推理,与更早些时期的政教分离的判决是一致的,同时,这也反映了他在亚拉巴马州的经验,宗教政治化会给少数派带来伤害,这些少数派并没有与占主导地位的多数人共享信仰。"这既不亵渎也不反宗教,"他断言道,"这个国家每一届独立的政府,在书写或鼓励官方祷告一事上,不应该插手,从而将纯粹的宗教功能留给人们自己,以及那些选择依赖宗教指导的人们。"大法官波特·斯图尔特持不同意见,他争辩道,这种自愿祈祷与美国犹太教-基督教的传统是一致的。

这种争议反映了二战后美国支离破碎的宗教意识。在二战中,美国的宣传机器——诺曼·洛克威尔的美丽画作也包括其中——动员美国舆论支持宗教宽容,以此与种族主义者和纳粹、法西斯主义和日本军国主义联系在一起的反宗教形象相抗衡。短暂的和平之后,冷战随之而来,美国政府和媒体维持了这种宗教宽容,以此来否定无神论的共产主义。冷战时期的宗教宽容与马丁·路德·金非暴力基督教融汇到一起,吸引了北方自由基督教全部教派,他们被保守的南方白人宗教种族歧视的理由所震惊。这似乎是对种族暴力的一条显而易见的基本原理。北方人则反过来认识到种族主义在针对共产主义的冷战宣传斗争中,伤害了美国。这种私人宗教良知的情感,与媒体所提倡的宗教宽容结合在一起,孤立了自由派基督教主流之内的宗教保守主义,它曾流行于整个20世纪六十年代。恩格尔案中,相对于保守派所主张的公立学校祈祷对保存良好的道德、爱国主义以及斯图尔特大法官异议所维护的美国犹太教-基督教传统必不可少,布莱克拒绝个人意识的国家强制,与基督教自由派的宗教宽容更能产生共鸣。

尽管有其局限性,但"完全并入"理论使得州和联邦的法官可以平衡个体与社会福利。布莱克与弗兰克福特之间公之于众的冲突,掩盖了布莱克为了增进个人主义与社会秩序,促进言论自由和公正的司法程序所做的努力,这两者对美国民主都必不可少。麦卡锡时代,他和道格拉斯是孤独的持异议者,反对反共检举,这种将一致性强加给思想界的做法。布莱克作为出庭律师的成功经验——在亚拉巴马州陪审团面前以同样的热情替劳工、种族特色群体和他们的对手辩护——使他相信,美国人,如果他们能在免于政府起诉所引起的恐惧的前提下,去评价共产主义的话,总的说来,他们会拒绝共产主义意识形态。等到沃伦法庭基本接受布莱克的观点时,他的信念似乎得到证明,即自由表达和正当程序保护加强了而不是削弱了民主。廷柯案中有象征性的黑袖章抗议,表达了相似的观点,但结果却迥异。有证据显示抗议者的袖章并没有破坏教育的进程,但布莱克对此否认,他认为即便是这样默默无声的行为,也无法避免使学校课堂走向极端,而学校课堂理应提供机会,让所有的思想平起平坐,从而允许学生们在不受威胁的前提下,形成个人的判断。

在绝对受保护的表达权与国家可能会管制的行为权这两者之间,布莱克一直努力试图明确它们的距离。布莱克刚进入最高法院时,他对表达权和行动权之间的区分主要集中在纠察上。弗兰克福特对构成所谓"和平纠察"内容持更为限制性的观点,而布莱克与之相反,他赞成在更广的范围内对和平纠察进行保护,即便这样会导致某种程度的混乱。布莱克允许当局施加合理的时间、地点和条件限制,只要这样的约束不会抑制基本的思想的沟通。布莱克是从一个律师的角度，来考察区分表达权与行动权之间的界限，他曾经代表伯明翰工会会员们，他们合法的罢工被为大公司服务的暴力工贼所破坏。这一经历教会布莱克，企业经常谴责工会引起暴力，而实际上真正作恶的是他们自己。结果，布莱克对纠察的诠释，增加了证明宪法第一修正案保护的是哪一种表达权的负担，尽管这一负担比弗兰克福特的自我克制要少一些。布莱克把相同的推理应用到民权运动静坐抗议和黑袖章越战抗议的案件上。受到绝对保护的表达权和受到监管的行动权，虽然布莱克对两者的区分，含蓄地接受政府的治安警察权，同时它也对其进行了限制。

与此同时，在州的犯罪案件中，布莱克一如既往地根据"完全并入"理论拥护扩充宪法第五和第六修正案的保护。在这个领域，布莱克最著名的贡献是1963年吉迪恩诉温赖特案，在贫穷被告的州审判中，他将宪法第六修正案中律师帮助权担保合并到宪法第十四修正案的正当法律程序条款中。20世纪三十年代和四十年代，最高法院运用宪法第十四修正案，给州的刑事审判强加了一些统一的合宪性标准；但在1942年贝茨诉布雷迪案中,最高法院却考虑到穷人无法支付律师费拒绝这么做。而到20世纪六十年代初,在重大刑事犯罪和重大民事案件中,大部分州都要求法院为贫困的诉讼当事人指定辩护人。实际上,二十二个州就吉迪恩案在法院之友意见书上提出申请,敦促贝茨案被裁定驳回。仅有三个州支持之前的判例,其中一个就是佛罗里达州,克拉伦斯·厄尔·吉迪恩就是在该州在没有律师为他辩护的情形下被判以重罪。大法官们都毫无异议,布莱克以雄辩的陈述推翻了贝茨案的裁定,尽管有三个大法官是以不同的论据而投了赞成票。布莱克的裁决在全美各州建立了全国性统一的为穷人请律师权,同时,它的贡献还在于,将一条基本原则整合进了米兰达诉亚利桑那州案中,此案是由沃伦法庭留转下来的。吉迪恩不仅成为数个电视节目的话题,同时也是《纽约时报》安东尼·刘易斯非常受欢迎的书的主角。

这些流行文化的例子呈现出刑事被告的权利的正面形象,很多美国人对这一权利是支持的。为什么?这个问题意义重大,根据约翰-伯奇社(美国反共产主义的极右组织)以及其他极端保守组织的主张,沃伦法庭的裁决将《人权法案》中对刑事被告的保障合并进了宪法第十四修正案的正当法律程序条款中,这是"对犯罪手软"。冷战时期自由派共识以及与国家媒体民权斗争,这两者相融合,给出了答案。民权运动赢得北方的公众舆论,部分原因在于,它公开了南方政权对无辜的美国黑人、白人人权工作者所施加的残酷的、种族歧视的执法实践。这些暴力的做法定期出现在全国性的电视节目中。而且,共和党和民主党的总统们也越来越多地支持民权运动,起码部分是为了反击敌对的共产主义宣传。随着州际高速公路的延伸,使得州际间中产阶级游客们接触到了当地的警察,而这些当地警察在执行交通法规时,歧视州外的游客们。流行的电视节目像《佩里·梅森探案集》则强化了这些警察的形象,这一美剧从1957年一直播到1966年,提高了人们对刑事被告的权利的关注。

然而,布莱克抵制在运用《人权法案》保障条例时,超出法案本身字面意思的解读。一个显著的例子是宪法第四修正案禁止不合理的搜查和扣押,他解释有利于警方的调查和州法院审判。相似的,1971年杨格案,最高法院意见不统一,布莱克的判决,否决了在州刑事诉讼审判过程中,允许宪法问题的联邦上诉。对布莱克来说,就像那些处于危险之中的牵涉到的商务条款、宪法第十四和第十五修正案以及《人权法案》,杨格案就"我们的联邦制"提出了基本议题。布莱克也知道,理查德·尼克松1968年总统竞选利用了美国选民们的愤怒与恐惧,他们的愤怒与恐惧来自与年轻人的反叛、抵制越战和城市种族骚乱密切相关的抗议与犯罪。尽管如此,他对不变的人性的信任说服他,杨格案中所确认的对陪审团审判和正当法律程序的尊重,有助于缓和流行的情绪。在这场更大规模的宪政斗争中,在州的刑事审判中,布莱克目睹了太多的联邦干预。他提及的"我们的联邦制"接受的至高无上的权力,既不是州的,也不是联邦的。解决州与联邦政府之间的宪政关系问题,对规定州和联邦司法机构适当限制是必不可少的。

格里斯沃尔德诉康涅狄格州案是布莱克拘泥于宪法字义的又一更明显的例子。布莱克认为,大部分最高法院的法官愿意将几条明确的《人权法案》保障条例整合成一个新的"隐私权",这和1937年最高法院为捍卫经济自由而发生重大"转折"之前,司法能动主义保守派法官们干过的勾当如出一辙。在最高法院填塞计划斗争过程中,布莱克指责最高法院法官中的"老臣"们将过时的经济理论写入了宪法正当程序条款中,以此来推翻为了拯救大萧条而进行的自由新政立法工作。数十年之后,道格拉斯对格里斯沃尔德诉康涅狄格州案主流判决意见发现了"半影地带",源自宪法第一、第三、第四、第五和第九修正案,创造出一条与生俱来的隐私权,根据此法,1879年康涅狄格州法判定使用避孕措施违法违反了此隐私权。对布莱克而言,对隐私权的主流判决,与最高法院"老臣"们发明出来的"契约自由"原则不遑多让,他们图谋以此原则扼杀重要的经济调控政策。这两则案子中,法官们利用他们的权力,创造出《人权法案》文本中并未出现的权利,并通过宪法第十四条修正案的正当程序条款运用到各个州。1973年罗伊诉韦德案中,这则虚构出来的保护已婚夫妇的隐私权被扩展到保护堕胎。布莱克在1971年合众国诉武伊奇案的判决中,忠于他对宪法字义的拘泥,他通过逐字逐句解释反堕胎法,确立了一条宽泛的堕胎权,没有提及隐私权。

这种拒绝承认隐私权,与布莱克对限制社会福利权利主张的异议相一致。到20世纪七十年代初,美国人越来越多地遭遇到新的社会现象——滞胀。过去,由于经济萧条美国失业率居高不下,有时候,又会面临通货膨胀,物价飞涨。整个20世纪七十年代,美国人历史上首次经历了大萧条以来最高的失业率以及有史以来最猛烈的通货膨胀。持续进行中的越战开支,国会一直到1973年才停止审批,与不断攀升的新政时代政府津贴如社会保障制度和近年的"伟大社会"项目相叠加,在失业率增加的同时加剧了通货膨胀。尼克松政府试图"扣押"而不是花掉国会已经授权批准的某个津贴项目的基金。据称,某些津贴受助者是道德嫌疑犯和欺诈者。在这些紧张局势中,1970年戈德博格诉凯利案,最高法院以6比3多数判决,宪法第十四条正当程序条款包含了大量隐含的程序,使得受助者可以将其视为财产权,而挑战州授权的津贴保证金。布莱克提出异议,他拒绝创建正当程序的程序性保护措施,实际上这些保护措施将权利变成了一种财产权。他认为,就像隐私权一样,这种权利的概念,违反了正当程序条款字面解读。

总之,布莱克在廷柯案、格里斯沃尔德诉康涅狄格州案、戈德博格诉凯利案上持异议,对某些人来说,暗示着布莱克已经放弃了自由主义原则。首席大法官沃伦对布莱克在反越战黑袖章案上刺耳的异议感到诧异,他曾对他的书记员透露也许布莱克年事已高。沃伦的评论显然忽视了他自己上一年度为了维持对焚烧征兵卡的大卫·保罗·奥布莱恩的定罪,而上蹿下跳地到处拉拢投票。沃伦和最高法院大多数法官,包括布莱克在内,拒绝奥布莱恩的争辩,奥布莱恩认为焚烧征兵卡是受到宪法第一修正案保护的象征性言论;仅仅道格拉斯发表异议,替奥布莱恩辩护。吉姆·牛顿在2006年出版的优秀的沃伦传记中写道,他曾在大部分法官赞成将廷柯的抗议视作受到宪法保护的象征性言论后,说"为什么同样的推理,不能运用到奥布莱恩和他的焚烧征兵卡,无法解释"。布莱克却没有这样的烦恼,他在廷柯案和奥布莱恩案上都投了反对票,反对象征性言论。他的立场与他长期以来建立的对宪法第一修正案逐字逐句解读的态度相吻合。与此同时,在意见不统一的最高法院,布莱克的判决维持对因良心拒服越战兵役和抵制征兵者的扩展保护,分别推翻了对艾略特·阿什顿·威尔士和罗伯特·图西的定罪。

这些判决创造性地诠释了国会法令，既不会让人联想到受损的功能，也不会对自由主义原则造成侵蚀。布莱克的家人们明白，1969年的温和刺激对布莱克的影响远远超过他本人所认识到的。

布莱克对格里斯沃尔德诉康涅狄格州案和戈德博格诉凯利案上持有异议，表明他与过去的自由主义一脉相承。自从大萧条时期新政实施以来，作为身兼参议员与大法官双职位的布莱克，一直为自由派大政府摇旗呐喊，认为其与社会福利和个人自由相一致。同时他也对其施加宪法限制，以确保自由派大政府不会滥用职权而破坏美国的民主。在与弗兰克福特的司法自制斗争过程中，布莱克逐步形成自己的宪法信念，即将对宪法文本逐字逐句的**解读与司法能动**主义相结合，这样法官可以在宪法文本所限定的范围内，让州和联邦大政府适应时代的变迁。格里斯沃尔德的隐私权，明显超越了布莱克自20世纪三十年代以来，运用的自由主义、行动主义和抑制来促进或限制自由派大政府的范畴。同样，戈德博格诉凯利案中主流的意见将"权利"的概念合并入正当程序条款，也超越了对福利接受者在州层面上的程序限制。布莱克在这两起案件中持有异议,并不仅仅是反对运用司法能动主义推翻这两个地方的成规旧俗,它们分别是康涅狄格州陈旧的禁止已婚夫妇采取避孕措施法令和纽约的禁止福利接受者权利主张的限制程序。由此可以推论,布莱克也宁愿为大萧条以来不断演变的大政府形态辩护,而不是通过司法能动主义构建一个新的政府形态。

布莱克最后的岁月无疑是一笔持久的财富。到20世纪六十年代末,在对布莱克格里斯沃尔德案和戈德博格案上持异议的批评声中,布莱克觉察到了一股保守主义浪潮席卷而来。约翰逊在1964年总统选举中,击败了共和党"保守先生"巴里·戈德华特。两年后,罗纳德·里根和乔治·华莱士分别在加利福尼亚州和亚拉巴马州声名鹊起,透露出一股新的保守主义势力正在崛起。它愤怒的言论,结合了对各州权利进行传统地捍卫以对抗联邦大政府,和"沉默的大多数"严格的基督教道德、反共产主义、针对城市种族骚乱而对"法律与秩序"的渴望、公立学校的种族隔离、冷战时期基督教教徒的容忍和反越战抗议的学生们。就像罗斯福1937年所干的那样,里根和华莱士也鼓动起公众对联邦法官和最高法院的不信任。布莱克破天荒地接受哥伦比亚广播公司采访,在为支撑过去自由主义的宪法惯例做辩护时,恰好也谈到了这股保守主义的言论。动荡的 1968 年大选之后,采访得以播出,这次采访,有力地传递了布莱克的宪法信仰,对尼克松胜利的保守主义言论给予了含蓄地自由派的反驳。在接下来的岁月中,这股保守主义占据统治地位。然而,如果美国人再一次为处理权力与自由和谐共处而头疼时,自由主义也许会重新掌权,布莱克的宪法信仰为之提供了希望。

资料来源

作者在导论和第十一章"遗产"中的资料来源包括：大卫·M.拉班的《遗忘岁月的自由演说》（剑桥大学出版社，英国剑桥，1977）；罗杰·K.纽曼的《雨果·布莱克传记》（万神殿出版公司，纽约，1994）；史蒂夫·苏茨的《亚拉巴马的雨果·布莱克：他的根和早期职业如何形成了宪法的伟大胜利》（新南方出版公司，亚拉巴马州蒙哥马利，2005）；吉姆·牛顿的《所有人的公正：厄尔·沃伦和他创造的国家》（河源出版社，纽约，2006）；迈克尔·梅尔茨纳的《民权律师是如何炼成的》（弗吉尼亚大学出版社，弗吉尼亚州夏洛茨维尔，2006）；玛丽·L·杜齐亚克的《冷战期间的民权：种族和美国民主画像》（普林斯顿大学出版社，新泽西州普林斯顿，2000）；迈克尔·R.贝克纳普的《厄尔·沃伦时期的最高法院，1953—1969》（南卡罗来纳大学出版社,南卡罗来纳州哥伦比亚,2005)。关于印第安纳三K党的资料参见小乔治·T.巴顿的"政治实用主义和常识",收录于大卫·J.伯顿哈默和兰德尔·R.谢泼德编辑的《印第安纳法律史》(俄亥俄大学出版社,俄亥俄州阿森斯,2006),第333—335页。另外,参见威廉·德姆纳斯克的《伟大的正义:法院中的布莱克、道格拉斯、弗兰克福特和杰克逊》(密歇根大学出版社,密歇根州安阿伯,2006);威廉·M.威塞克的《现代宪法的诞生:美利坚合众国最高法院,1941—1953》(卷12,奥利弗·温德尔·霍姆斯策划,剑桥大学出版社,纽约州纽约,2006)。想要了解布莱克在"库珀诉阿伦"案中的影响,参见托尼·A.弗里尔的《小石城"库珀诉阿伦"案的审判和学校种族隔离的废止》(堪萨斯大学出版社,2007);想要了解沃伦法院,可参见马克·图施奈编辑的《历史和政治视角下的沃伦法院》(弗吉尼亚大学出版社,弗吉尼亚州夏洛茨维尔,1993)。

雨果·L.布莱克是一个非常认真的历史资料保存者,尽管他对该保存什么材料所持的观点经常摇摆不定。在他人生的最后几周里,他的健康状况持续恶化。他亲自负责毁掉了他34年的庭审秘密会议的记录。

他相信这些会议记录中的观点是扭曲的,因为在会议过程中常常只有一个法官提出观点、作出决定,并且经常在随后的讨论中进行更改。同时,布莱克保存了大量的个人文件,包括他在伯明翰的法律和政治生活,在亚拉巴马担任参议员以及在最高法院担任法官的有用信息。这些材料不仅包含了他对一些独立事件的私人备忘录和评论,也包含了他与家庭成员、下属、同事和其他许多人的信件,让人们得以深入了解布莱克的家庭生活和职业关系。这些布莱克的文献被收录在国会图书馆的 20 世纪手稿珍藏部中。

我也在哈佛法学院的手稿珍藏区查阅了费利克斯·法兰克福特和路易斯·布兰代斯的报告。其他有用的资料包括哈佛法学院的斯坦利·里德的报告,国会图书馆中威廉·O. 道格拉斯、小威廉·J. 布伦南和首席大法官厄尔·沃伦的法庭报告。

布莱克与他儿子小雨果的通信是关于布莱克私生活的特别有价值的材料。后来经过整理,与布莱克的报告和伊丽莎白·布莱克的日记合集为《法官先生和布莱克夫人:雨果·L. 布莱克和伊丽莎白·布莱克回忆录》(兰登书屋,纽约,1986)。法官在晚年所写的回忆录第一次以布莱克夫人所写书的一部分出版,书中记录了他年轻时在克莱郡的生活以及 1926 年之前在伯明翰的职业生涯。小雨果·布莱克的《关于我的父亲的回忆》(兰登书屋,纽约,1975)和弗吉尼娅·福斯特·杜尔的《魔力圈之外:弗吉尼娅·福斯特·杜尔自传》(亚拉巴马大学出版社,塔斯卡卢萨,1985)提供了来自他儿子和夫人的妹妹的更深入的观点。

杰拉尔德·T.邓恩的《雨果·布莱克和司法革命》(西蒙和舒斯特出版社,纽约,1977)是一本很好的布莱克传记。斯蒂芬·帕克斯·斯特里克兰编辑的《雨果·布莱克和最高法院:专题文章》(鲍勃斯-梅里尔出版社,印第安纳波利斯,1967)收录了许多文章,在布莱克的人生和职业背景下探讨了他的法律信仰。一些关于布莱克思想的包括有价值的传记信息的指导性书籍,包括约翰·P.弗兰克的《法官布莱克先生》(克诺夫出版社,纽约,1949)和欧文·德拉德的《为自由而战:法官布莱克先生和权利法案》(克诺夫出版社,纽约,1963)。另一份由不同作家所写的优秀文选,名为"法官布莱克先生专题文选"收录在《西南法律评论 9(1976—1977)》,第 845 到 1154 页。亚拉巴马大学法学院纪念布莱克法官的百年诞辰活动,分别于1985年和1986年举行了两次会议,其间整理出了"雨果·L.布莱克:亚拉巴马人和美国人,1886—1937,第一部",收录于《亚拉巴马法律评论39》(1985年春),第789—926页;和"雨果·L.布莱克:法庭人生,1937—1971,第二部",收录于《亚拉巴马法律评论38》(1987年冬),第215—494页。这些文章由托尼·弗里尔进行编辑,合成《雨果·L.布莱克和现代美国》(亚拉巴马大学出版社,塔斯卡卢萨,1990)。

布莱克与亚拉巴马平民主义、进步主义和三K党之间的联系对于解读他的法律思想是十分重要的。弗吉尼娅·范德维尔·汉密尔顿在《雨果·布莱克在亚拉巴马的岁月》(路易斯安那州立大学出版社,巴吉鲁日,1972)中对布莱克参加法院工作前的人生做了较早的学术回顾。从汉密尔顿的学识来看,有关布莱克的"回忆录"具有一定的价值。同时,按照汉密尔顿的强烈建议,应该在更为批判性的背景下讨论平民主义、进步主义和三K党对布莱克的影响,这一见解呈现在以下作品中:谢尔登·哈克尼的"布莱克法官先生在克莱郡的起源:平民党内幕",J.米尔斯·桑顿的"雨果·

布莱克和黄金年代",保罗·L.墨菲的"雨果·布莱克早期的社会和政治哲学：以酒作为试验案例"以及伯特伦·韦特-布朗的"雨果·布莱克职业的道德背景",以上收录于《亚拉巴马法律评论 36》(1985 年春),第835—844 页,第 861—926 页。谢尔登·哈克尼的《亚拉巴马的平民主义和进步主义》(普林斯顿大学出版社,普林斯顿,1969)是对平民主义和进步主义时期亚拉巴马州的杰出研究。卡尔·V.哈里斯的《伯明翰的政治力量,1871—1921》(田纳西大学出版社,诺克斯维尔,1977)也是优秀的研究成果。这些作品合起来便为综合分析布莱克加入三 K 党提供了基础,证明这件事情的解释并不只是政治利益。这一分析的重点是禁酒令斗争的意义和它反映出的政治文化,尤其是他们塑造了布莱克的法律实践和公职之间的关系。《亚拉巴马法律评论 36》(1985 年春)中鲍尔所写的"雨果·L.布莱克法官：南方的重要人物"也提出了类似的观点。

布莱克作为参议院最坚定的自由主义者与他在支持罗斯福新政时所发挥的作用有所联系。汉密尔顿在《雨果·布莱克在亚拉巴马的岁月》中深入探讨了布莱克的参议员生涯,包括新政自由主义的崛起。另外,可参见大卫·A.香农的"美国参议员雨果·拉·费耶特·布莱克",收录于《亚拉巴马法律评论36》(1985年春天),第881—898页;和约翰·P.弗兰克,"新法庭和新政",收录于斯特里克兰编辑的《布莱克和最高法院》。涉及布莱克的关于新政政策研究的材料包括埃利斯·W.霍利的《新政和垄断问题:经济矛盾的研究》(普林斯顿大学出版社,普林斯顿,1966);斯坦利·维托的《新政中的劳工政策和美国工业经济》(北卡罗来纳大学出版社,查珀尔希尔,1987);马克·H.莱夫的《象征性改革的限度,新政和税收,1933—1939》(剑桥大学出版社,剑桥,1984);詹姆斯·C.科布和迈克尔·V.纳姆拉多编辑的《新政和南方》(密西西比大学出版,杰克逊,1984)。关于《反私刑法案》的失败可参见《国会记录79-6532》(1935年4月29日)中布莱克的拖延议事的演说;关于罗斯福的立场可参见哈佛·斯特科夫的"新政对南方黑人的影响",收录于科布和纳姆拉多编辑的《新政和南方》,第118页。

对布莱克法庭岁月的研究非常广泛。因此,这里只能选择性的列出一个清单作为进一步研究的指导。G.爱德华·怀特的《美国司法传统:美国主要法官简介》(牛津大学出版社,纽约,1976),将布莱克置于不断变换的法庭人事和法律背景之下进行研究。保罗·L.墨菲的《危机时代的宪法,1918—1969》(哈珀和罗出版公司,纽约,1971),概括了布莱克在首席大法官沃伦·E.伯格接任前的整个工作时期。文森特·布拉西编辑的《伯格法院:并不是反改革》(耶鲁大学出版社,新港口,1983),讨论了布莱克对伯格法院创立时期的贡献。对沃伦法院时期描述最详细、最有深度的不外乎伯纳德·施瓦茨的《超级领导:厄尔·沃伦和他的最高法院》(纽约大学出版社,纽约,1983)。在利昂·弗里德曼和弗雷德·L.伊斯雷尔编辑的《美国最高法院的法官们,1789—1978》(共五卷,切尔西出版社,纽约,1969—1978),弥补了其他的同类型参考资料的不足,尤其是提供了首席大法官弗雷德·文森在任时期的许多信息。

任命布莱克到最高法院任职并非一帆风顺,其中的斗争十分激烈,甚至被对手揭露了他原先三K党成员的身份。对这段历史的回顾可参见邓恩的《布莱克和司法改革》,威廉·E.洛伊希滕贝格的"一个三K党成员加入了最高法院:雨果·L.布莱克的任命",收录于《芝加哥大学法律评论41》(1973)。

大卫·J.丹尼尔史克和约瑟夫·S.图尔琴编辑的《查尔斯·埃文斯·休斯自传笔记》(哈佛大学出版社,剑桥,1973),出色介绍了布莱克最初的三年。阿尔菲厄斯·托马斯·梅森的《哈伦·菲斯克·斯通:法律之柱》(维京出版社,纽约,1956),透露了许多布莱克在最高法院任职前十年的内幕故事,不过斯通对布莱克的观点多半是批评性的。小J.伍德福德·霍华德的《墨菲法官政治传记》(普林斯顿大学出版社,普林斯顿,1968),描述了一位在1940年代中期和晚期对自由主义的热忱更胜于布莱克的典型法官。这两部作品,从局内人的角度记叙了最高法院拘禁日裔美国人和其他战争敌人的判决。而前者受到的遭遇则可以由彼得·H.艾恩斯的《战争时期的司法:日裔美国人受到拘禁的内情》(卫斯理大学出版社,纽约,1983)补充。还可参见托尼·弗里尔的《和谐与不和谐:美国联邦主义下的斯威夫特案和伊利案》(纽约大学出版社,纽约,1981),其中记载了在伊利案判决中布莱克促进了布兰代斯矛盾地运用司法能动主义以达到司法克制。

关于冷战的斗争和二战后具有开创性的民权判断

可以参见以下十分专业的作品。沃尔特·F. 墨菲的《国会和法院：美国政治程序案例研究》(芝加哥大学出版社,芝加哥,1962),详述了麦卡锡主义努力限制法院司法权的影响。莫伐·马库斯的《杜鲁门和占有钢铁资源案：论总统权限》(哥伦比亚大学出版社,纽约,1977),是研究扬斯敦案件以及布莱克在其中发挥的作用的最好材料。丹尼斯·J. 哈钦森发表在《乔治敦法律杂志68》(1979年10月),第1—96页的"一致通过和废除种族隔离：最高法院的决定过程,1948—1958"详细记录了最高法院在革命性的"布朗诉教育委员会"案中采取的行动、所作的判决以及最初的结果。一部代表全国有色人种协进会观点的作品是理查德·克鲁格所写的杰作《只是公正："布朗诉教育委员会"案和美国黑人为平等而战的历史》(克诺夫出版社,纽约,1977)。托尼·弗里尔的《小石城危机》(格林伍德出版社,康涅狄格州韦斯特波特,1984),也讨论了由布朗案第二次判决所引发的主要冲突。另外,还可参见迈克尔·S. 迈耶发表在《南部历史杂志52》(1986年2月),第43—76页的"以更加从容不迫的速度：艾森豪威尔和布朗案判决"。

对种族平等的宪法斗争的研究,特别是包括联邦政府从50年代晚期到60年代晚期所扮演的角色,可参见迈克尔·R.贝尔纳普的《联邦法律和社会秩序:布朗案后南方的种族暴力和法律冲突》(佐治亚大学出版社,阿森斯,1987)。也可参见胡安·威廉斯的《目标:美国民权运动的岁月,1954—1965》(企鹅出版社,纽约,1987),该书提供了黑人对民权运动的观点。关于布莱克在伯格法院短暂的任期内发生的最重要的废止学校种族隔离判决的案例研究,可参见伯纳德·施瓦茨的《斯旺的方式:学校公车案件和最高法院》(牛津大学出版社,纽约,1986)。两本书出色地探讨了布莱克人生中南方种族、政治和经济之间的交互作用:小V.O.基的《州和国家中的南方政治》(田纳西出版社,诺克斯维尔,1984)和加文·赖特的《旧南方,新南方:内战后南方经济改革》(基础读物出版社,纽约,1986)。

毫无疑问,对布莱克的宪法思想最好的介绍是詹姆斯·麦迪逊的一个讲座,名为"《权利法案》",曾在《纽约大学法律评论》(1960年4月)中整理出版,以及哥伦比亚大学的三次卡本蒂埃讲座(1968年春),后来整理成《宪法信念》(克诺夫出版社,纽约,1968)一书出版。法兰克福特和布莱克是许多探索司法能动主义和克制主义的优点与缺点时的对比对象。还可参见马克·西尔弗斯坦的《宪法信仰者:费利克斯·法兰克福特、雨果·布莱克和司法判决的程序》(康奈尔大学出版社,伊萨卡,1984),该书参考了很多早期作品的观点。想要更加广泛地了解关于布莱克和言论自由的作品,可以参见约翰·P.弗兰克发表在《伊利诺斯大学法律论坛》(1977)的"雨果·L.布莱克:言论自由和独立宣言"。关于权利法案和《第十四修正案》的历史资料,可参见理查德·C.科特纳的《最高法院和第二权利法案》(威斯康星大学出版社,纽约,1981)。想要进一步讨论以上内容以及关于布莱克的其他法律信念,可参见斯特里克兰编辑的《布莱克和最高法院》以及上面提到的《亚拉巴马法律评论》和《西南大学法律评论》上刊登的两篇专题论文。

还有一些书本,尤其是布莱克自己写的书对我理解布莱克的思想有重要作用。丹尼尔·J.米多尔的《法官布莱克和他的书》(弗吉尼亚大学出版社,夏洛茨维尔,1974),对于尝试理解布莱克的思想是必不可少的。在阿拉巴马大学法学院可以找到原本在亚历山德里亚家乡图书馆的这些书的副本。布莱克在书中空白处的注释,以及他将书中内容应用于其观点和文章中,让我认识到布莱克人性不变论的核心价值观念的重要性。同一材料也让我学会以伯特伦·怀亚特布朗的视角考虑名望的重要性。可参见《亚拉巴马法律评论36》(1985年春)的"雨果·布莱克职业的道德背景"。

对布莱克和他的思想的批评,可参见西尔维娅·斯诺伊斯的"布莱克法官的遗产",收录于菲利普·B.库兰编辑的《最高法院评论》(芝加哥大学出版社,芝加哥,1973),第187—252页。这篇文章对我的影响十分巨大。另外,可参见小约翰·T.努南对邓恩收录于《西南法律评论9》(1976—1977),第1127—1137页的《布莱克和司法革命》的评论;格兰顿·舒伯特的《宪法政体》(波士顿大学出版社,波士顿,1970);伦纳德·W.利维的《出版自由的紧迫性》(牛津大学出版社,纽约,1985),vii—xix;和哈里·T.爱德华兹发表于《亚拉巴马法律评论38》(1987年春)的"布莱克法官和劳工法"一文。

关于布莱克法官的出版物的参考书目,以及对包括他重要思想的总结在内的观点一览表,可参见彻丽·林恩·托马斯和琼·麦卡利·郝尔克在《亚拉巴马法律评论 38》(1987 年冬),第 381—499 页的"雨果·拉斐特·布莱克法庭生涯提要,1937—1971"。另外,关于布莱克的观点还可参见《美国政府报告》的 302 美国(1937)到 403 美国(1971)。

Authorized translation from the English language edition, entitled Hugo L. Black and the dilemma of American Liberalism (LIBRARY OF AMERICAN BIOGRAPHY SERIES), 2E, 9780205590780 by Freyer, Tony Allan published by Pearson Education, Inc., Copyright © 2008. All rights reserved. No part of this book may be reproduced or transmitted in any form or by any means, electronic or mechanical, including photocopying, recording or by any information storage retrieval system, without permission from Pearson Education, Inc.

CHINESE SIMPLIFIED language edition published by PEARSON EDUCATION ASIA LTD., and SHANGHAI ACADEMY OF SOCIAL SCIENCES PRESS Copyright © 2012.

上海市版权局著作权合同登记号　图字：09-2012-160

本书封面贴有 Pearson Education(培生教育出版集团)防伪标签，无标签者不得销售。

版权所有，侵权必究。

图书在版编目(CIP)数据

雨果·L. 布莱克:美国自由主义的困境/(美)弗里尔著;严格,张懿,王晓平译. —上海:上海社会科学院出版社,2016
(美国传记)
　书名原文:Hugo L Black and the Dilemma of American Liberalism
　ISBN 978-7-5520-0156-3

Ⅰ.①雨… Ⅱ.①弗… ②严… ③张… ④王… Ⅲ.①布莱克,H. L. (1886~1971)—传记 Ⅳ.①K837.125.19

中国版本图书馆 CIP 数据核字(2012)第 210567 号

雨果·L. 布莱克:美国自由主义的困境

著　　者:[美]托尼·A. 弗里尔
译　　者:严　格　张　懿　王晓平
责任编辑:黄诗韵
特约编辑:张　晶
封面设计:周清华
总 策 划:唐云松
出版发行:上海社会科学院出版社
　　　　　上海顺昌路 622 号　邮编 200025
　　　　　电话总机 021-63315900　销售热线 021-53063735
　　　　　http://www.sassp.org.cn　E-mail:sassp@sass.org.cn
排　　版:南京展望文化发展有限公司
印　　刷:上海文艺大一印刷有限公司
开　　本:787×1092 毫米　1/32 开
印　　张:11
插　　页:5
字　　数:161 千字
版　　次:2016 年 8 月第 1 版　2016 年 8 月第 1 次印刷

ISBN 978-7-5520-0156-3/K·178　　　　定价:48.00 元

版权所有　翻印必究